Dr. Džejs R

DIEVS
DZIEDINĀTĀJS

URIM BOOKS

,, Un sacīja (Dievs): ,,Ja jūs klausīdami klausīsiet Tā Kunga, sava Dieva, balsij un darīsiet, kas taisns Viņa acīs, un ievērosiet Viņa baušļus, un turēsiet Viņa likumus, tad Es pār jums nelikšu nākt tām slimībām, kādām Es esmu licis nākt pār ēģiptiešiem, jo Es esmu Tas Kungs, jūsu ārsts, "
(2. Mozus 15:26).

DIEVS DZIEDINĀTĀJS Dr. Džejs Roks Lī
Originally published in Korean by Urim Books, 851, Kuro-dong, Kuro-gu, Seoul, Korea,
www.urimbooks.com

Dievs – Dziedinātājs (Tulk. no korej. Dr. Kunijangs Čuns ISBN:
89-7557-044-4, ISBN: 89-7557-060-6(set)
ISBN: 979-11-263-1151-4 03230

Originally published in Korean by Urim Books:urimbook@hotmail.com

Priekšvārds

Mūsu civilizācijai materiāli attīstoties un labklājības līmenim pieaugot, mēs sākam saprast, ka mūsu sabiedrības ļaudīm parādās arvien vairāk brīva laika un līdzekļu. Papildus tam, lai nostiprinātu savu veselību un sasniegtu vēl lielāku komfortu, ļaudis gatavi ieguldīt savu naudu un līdzekļus, apgūt daudzveidīgu informāciju.

Un tomēr, tā kā dzīvība, vecums, slimības un cilvēka nāve atrodas Dieva varā, tām nevar pavēlēt, paļaujoties uz naudas vai zināšanu spēku. Bez tam, nevar noliegt to faktu, ka neskatoties uz augsto medicīnas attīstību, ar nedziedināmām slimībām saslimušo skaits tikai pieaug.

Pasaules vēstures laikā, dažādi skolotāji, visu iespējamo ticību un zināšanu sistēmu pārstāvji, ieskaitot Budu un Konfūciju, neskatoties uz visu savu gudrību, apgāja šo jautājumu ar klusēšanu. Visus viņus sasniedza vecums, slimība un nāve. Jo šis dotais jautājums tieši saistīts ar grēka problēmām un cilvēces glābšanu, kas atrodas aiz cilvēka iespēju robežām.

Šodien eksistē liels daudzus brīvi pieejamu medicīnas iestāžu un ārstniecības līdzekļu, kuriem, varētu šķist, vajadzētu darīt sabiedrību veselu. Taču slimības, sākot no parastas saaukstēšanās un beidzot ar nedziedināmām neskaidras izcelsmes saslimšanām, turpina nest bēdas un ciešanas pa visu pasauli. Ļaudis tajā vaino gan apkārtējo vidi, gan klimatu, uzskatot, ka tiem ir darīšana vien ar fiziskām un dabas parādībām.

Lai iegūtu pilnīgu izveseļošanos un vadītu veselīgu dzīvi, katram no mums jāsaprot slimību pirmcēlonis. Evaņģēlijā un īstenībā vienmēr blakus atrodami divi aspekti: sods tiem, kas nepieņem Dievu, no vienas puses, un svētības ticīgajiem, no otras. Dieva griba ir tajā, ka patiesība paliek apslēpta priekš tiem, kas līdzīgi farizejiem un rakstu mācītājiem, uzskata sevi par gudrākiem nekā citi; Dieva griba tāpat ir tajā, ka patiesība atklājas tiem, kas līdzīgi bērniem ar atvērtām sirdīm (Lūkas 10:21).

Dievs tieši apsolījis svētīt tos, kas dzīvo pēc viņa likumiem, bet Viņš tāpat devis izsmeļošu pārskatu par sodiem un slimībām, kuras sasniegs tos, kas Viņu neklausa (5. Mozus 28:1-68).

Tie kalpo atgādinot par Dieva Vārdu neticīgajiem un tiem ticīgajiem, kuri atkāpušies no Viņa, šai grāmatai ir savs mērķis pamācīt un atgriezt tādus ļaudis uz patiesības ceļa, veselības un svētības ceļa.

Pēc tā mēra, kā mēs klausāmies, lasām un saprotam Dieva Vārdu, Dieva Glābēja un Dziedinātāja spēku, lai ikviens no jums iegūst dziedināšanu no smagām un vieglām saslimšanām, un lai atnāk jūsos veselība un arī jūsu ģimenēs, to es lūdzos mūsu Kunga vārdā!

Jaerock Lee

Saturs

Priekšvārds

1. nodaļa

Slimību izcelšanās un dziedināšanas stars   1

2. nodaļa

Vai gan gribi būt vesels?   15

3. nodaļa

Dievs – Dziedinātājs   37

4. nodaļa

Ar Viņa brūcēm mēs esam dziedināti   53

5. nodaļa

Spēks dziedināt vainas   73

6. nodaļa

Apsēsto dziedināšana   89

7. nodaļa

Spitālīgā Naamana ticība un paklausība   109

1. nodaļa

Slimību izcelšanās un dziedināšanas stars

Maleahija 3:20

,,Bet jums, kas Manu Vārdu bīstaties, uzlēks taisnības saule, un dziedinās ar saviem spārniem un jūs iesiet un lēkāsiet kā baroti teļi,''

Apslēptais slimību iemesls.

Ļaudis, kas vēlas dzīvot laimīgu un veselīgu dzīvi uz šīs zemes, velta lielu uzmanību veselīgam ēdienam, dažādiem ilgdzīvošanas noslēpumiem. Neskatoties uz materiālās civilizācijas labklājības attīstību un medicīnas zinātni, īstenība, tomēr ir tāda, ka ciešanas no nedziedināmām slimībām nav novēršamas.

Vai gan cilvēks var pilnībā atbrīvoties no slimību agonijas savas dzīves laikā uz šīs zemes?

Vairums ļaužu sliecas vainot visā klimatu un apkārtējās vides stāvokli, saprotot ar slimību vienīgi dabiskas un fiziskas parādības un paļaujoties uz zālēm un veselības aizsardzības tehnoloģijām. Taču jāsaprot visu slimību un sērgu pirmcēlonis, lai pilnībā no tām atbrīvotos.

Bībele dāvā mums pamatlikuma instrukcijas, lai vadītu veselīgu dzīvi un iegūtu dziedināšanu.

„Un sacīja (Dievs): „Ja jūs klausīdami klausīsiet Tā Kunga,

sava Dieva, balsij un darīsiet, kas taisns Viņa acīs, un ievērosiet Viņa baušļus, un turēsiet Viņa likumus, tad Es pār jums nelikšu nākt tām slimībām, kādām Es esmu licis nākt pār ēģiptiešiem, jo Es esmu Tas Kungs, jūsu ārsts," (2. Mozus 15:26).

Tas ir uzticams Kunga Vārds, kas pārvalda dzīvību un nāvi, cilvēku labklājību vai likstas.

Kas gan tad ir slimība, kāds tās iemesls? Medicīniskā izpratnē, vārds „slimība" nozīmē jebkuru organisma nespēju veikt normālu darbību, neparastu vai nenormālu veselības stāvokli, ko nereti izraisa baktērijas. Citiem vārstiem, slimība ir nosliece no normas, ko izsauc tas vai cits iemesls (saindēšanās, inficēšanās u.t.t.). 2 Mozus 9:8-9 dots manipulāciju apraksts,

kuru rezultātā ēģiptiešus sasniedza mēris:

„Tad Tas Kungs sacīja uz Mozu un Āronu: „Ņemiet pilnām saujām krāsns sodrējus, un Mozus lai tos met pret debesīm faraona acu priekšā. Un tie taps par smalkiem pīšļiem pār visu Ēģiptes zemi un taps par strutojošiem augoņiem, kas izsitīsies gan cilvēkiem, gan lopiem visā Ēģiptes zemē."

2. Mozus 11:4-7 mēs lasām par to, kā Dievs izveda Izraēliešu tautu no Ēģiptes. Izraēlieši, kas paklausīja Dievam necieta no mēra, tajā pat laikā, kā ēģiptieši, kas Viņam nekalpoja un nedzīvoja pēc Viņa gribas, bija slimības satriekti.

Visu Bībeles vēstījumu laikā, mēs uzzinām par Kunga varu pār slimībām, par pasargāšanu no slimībām tos, kas pielūdz Viņu, par slimību, kā sodu par grēku.

Kāds tad ir visu kaišu iemesls, kāpēc eksistē ciešanas no slimībām? Vai tas nozīmē, ka Dievs Radītājs radījis slimības, lai ļaudis atrastos pastāvīgās bailēs? Jo Dievs taču cilvēku radīja. Viņš pārvalda visu Visumā ar labestību, taisnību un mīlestību.

1 Mozus grāmatā 1:26-28, teikts:

„Tad Dievs sacīja: „Darīsim cilvēku pēc Mūsu tēla un pēc Mūsu līdzības; tie lai valda pār zivīm jūrā, un pār putniem gaisā, un pār lopiem, un pār visu zemi un visiem rāpuļiem, kas rāpo zemes virsū." Un Dievs radīja cilvēku pēc Sava tēla, pēc Dieva tēla Viņš to radīja, vīrieti un sievieti Viņš radīja. Un Dievs tos svētīja un sacīja uz tiem: „Augļojieties un vairojieties! Piepildiet zemi un pakļaujiet sev to, un valdiet pār zivīm jūrā un putniem gaisā, un katru dzīvu radījumu, kas rāpo pa zemi."

Radījis vispiemērotākos apstākļus cilvēkiem (1. Mozus 1:3-25), Dievs radīja cilvēku pēc sava tēla un līdzības, svētīja to, dāvāja viņam neaptveramu brīvību un varu.

Kādu laiku ļaudis brīvi baudīja Dieva svētības, sekoja Viņa likumiem, dzīvoja Ēdenes dārzā, kur neko nezināja par asarām, bēdām, ciešanām un slimībām. Dievs redzēja, ka viss viņa radītais ir labs (1. Mozus 1:31), tādēļ lika ievērot cilvēkam tikai vienu: „No visiem dārza kokiem ēzdams ēd, bet no laba un ļauna atzīšanas koka tev nebūs ēst, jo tai dienā kad tu ēdīsi no tā, tu mirdams mirsi," (1. Mozus 2:16-17).

Taču vajadzēja tikai čūskai saprast, ka savā prātā ļaudis nevēlas sekot Dieva baušļiem, tā tūdaļ ieveda Ievu, pirmā cilvēka sievu, kārdināšanā. Kad Ādams un Ieva ēda no ļauna un laba atzīšanas koka un sagrēkoja (1. Mozus 3:1-6), nāve, kā arī Dievs bija brīdinājis, iegāja cilvēkā (Romiešiem 6:23).

Izdarījis nepaklausības grēku, cilvēks saņēma sodu par grēku, kas bija nāve, cilvēka gars nomira, un starp Dievu un cilvēku pārtrūka kontakts. Ļaudis bija izdzīti no Ēdenes dārza, saņēmuši apmaiņā pretī bēdas, asaras, ciešanas, slimības un nāvi. Zeme sāka izdot ērkšķus un nezāles, un tikai lejot savus sviedrus un asinis ļaudis no šī laika varēja paēdināt sevi (1. Mozus 3:16-24).

Tādā veidā, apslēptais slimību iemesls slēpjas pirmdzimtā grēkā, kā Ādama nepaklausības sekas. Ja Ādams nebūtu bijis nepaklausīgs Dievam, viņš nebūtu izdzīts no Dārza, dzīvotu veselīgu dzīvi uz visiem laikiem. Citiem vārdiem, viena cilvēka vainas dēļ, visi ļaudis kļuva grēcinieki, kas atrodas pastāvīgās bailēs slimību priekšā. Neatrisinot vispirms grēka problēmu, neviens nevar kļūt taisns Dieva acīs, pat nekļūdīgi sekojot likumam (Romiešiem 3:20).

Taisnības saule un dziedināšana Viņa staros.

Maleahija 3:20 saka mums, ka „Bet jums, kas

Manu Vārdu bīstas, uzlēks taisnības saule, un jūsos ieplūdīs dziedinājums no šīs saules spārnu gaismas, un jūs iziesiet un lēkāsiet kā barojamie teļi." Šeit „taisnības saule" attiecas uz Mesiju.

Pēc tā mēra, kā cilvēce gāja pa sagrāves un ciešanu ceļu no slimībām, Dievs piepildījās ar žēlastību un izpirka mūsu grēkus ar Jēzus Kristus upuri, ko Viņš sūtīja, kas izlēja asinis un tika piesists pie krusta. Tādēļ ikviens, kas pieņēmis Jēzu Kristu, iegūst grēku piedošanu, glābšanu un dziedināšanu, kas ved pie veselīgas dzīves. Caur Dieva lāstu cilvēks bija nolemts uz nebeidzamām slimībām līdz pašai nāvei, bet pēc Dieva mīlestības un labvēlības, mums bija atvērts dziedināšanas un veselības ceļš.

Kad Dieva bērni pretojas grēkam līdz pat asinsizliešanai, (Ebrejiem 12:4) un dzīvo pēc Viņa Vārda, Viņš tos pasargā, uzlūkojot viņus ar savām ugunij līdzīgām acīm, sūtot Svēto Garu, kas pasargā no jebkādas indes un kaites. Pat, ja kādu arī sasniedz slimība, Dievs dziedina miesu. Jo tāda ir „taisnības saules" dziedināšana.

Mūsdienu medicīna devusi cilvēka rīcībā tādus līdzekļus kā ultravioletais starojums. Ultravioletie stari efektīvi dezinficē organismu. Tie spējīgi iznīcināt līdz pat 99% zarnu baktēriju, difteriju, dizentērijas baktērijas, palīdz pie tuberkulozes ārstēšanas, anēmijas, reimatisma, ādas slimībām. Taču pat tāds varens līdzeklis nedziedina no visām slimībām.

Vienīgi „taisnības saule", par kuru runāts Rakstos, spējīga izdziedināt jebkuru slimību. Taisnības saules stari dziedina jebkādu vainu, jo Dieva dziedināšana ir vienkārša un pilnīga.

Neilgi līdz tam, kā bija dibināta mana draudze, pie manis atnesa slimnieku, kas cieta no paralīzes un vēža. Viņš nevarēja parunāt, tādēļ ka, gan viņa mēle, un arī visi locekļi bija paralizēti. Tā kā ārsti neko vairāk nevarēja izdarīt, slimā cilvēka sieva, noticējusi Dieva Vārda spēkam, aicināja viņu visu uzticēt Kunga rokās. Sapratis, ka vienīgais veids, lai saglabātu dzīvību – to uzticēt Dievam, slimais centās kalpot Viņam, pat būdams saistīts pie gultas, bet sieva no sirds palīdzēja viņam tajā. Ieraudzījis šo ļaužu ticības spēku, es sāku no sirds lūgties par viņiem. Drīzumā pēc tā , vīrietis, iepriekš vajājušais savu sievu par viņas ticību Kristum, patiesi nožēloja grēkus, un Dievs dziedināja viņu ar taisnības saules stariem, ar Svētā Gara uguni attīrījis viņu no visa netīrā. Alleluja! Apslēptais slimības iemesls bija atrasts, un drīzumā viņam atgriezās spēja staigāt un viņš atveseļojās. Lieki runāt, ka Manmin draudzes locekļi deva pienākošos slavu Dievam un priecājās, redzot tik brīnišķu Dieva dziedināšanu.

Tiem no jums, kas pielūdz Manu Vārdu.

Mūsu Dievs ir Visuvarens Dievs, kas radījis visu Visumā pēc Sava Vārda, radījis cilvēku no pīšļiem. Kļuvis par mūsu Tēvu, Kungs, pat ja mēs saslimsim un pilnībā būsim atkarīgi no ticības Viņam, ieraudzījis mūsu ticību, ar prieku dziedinās mūs. Ārstēšana ar mūsdienu ārstniecības līdzekļiem nav apšaubāma, bet Kungu iepriecina tie Viņa bērni, kuri tic Viņa visspēcībai un visvarenībai, patiesi sauc uz Viņu pēc dziedināšanas. Tādi noteikti saņems dziedināšanu, dodot Viņam godu.

Otrā Ķēniņu 20:1-11 stāstīts par Hiskiju, jūdu ķēniņu, kuru piemeklēja slimība, kad Asīrija uzbruka viņa valstij, un kurš bija dziedināts pēc trim dienām, kad bija lūdzis Kungu par dzīves pagarinājumu vēl uz piecpadsmit gadiem.

Caur pravieti Jesaju Dievs teica Hiskijam: „Apkop savu

namu, jo tu mirsi un nekļūsi vesels ," (Otrā Ķēniņu 20:1; Jesaja 38:1). Citiem vārdiem, Hiskijam bija nolemta nāve, viņam bija pateikts sagatavoties nāvei un sakārtot valsts un ģimenes lietas. Taču Hiskija tūlīt pat pagriezās ar seju pret sienu un sāka lūgties Kungu (Otrā Ķēniņu 20:2). Ķēniņš saprata, ka slimība – tās ir sekas Viņa attieksmei pret Dievu, atlika visu pārējo malā un sāka lūgties.

Hiskija patiesi, rūgti raudot pielūdza Dievu, un Dievs apsolīja ķēniņam: „Es esmu tavu lūgšanu dzirdējis, un Es esmu redzējis tavas asaras, Es pielikšu tavam mūžam vēl piecpadsmit gadus. Un Es tevi un šo pilsētu izglābšu no Asīrijas ķēniņa rokas un pasargāšu šo pilsētu," (Jesaja 38:5-6). Mēs varam tikai nojaust par to, cik patiesi no sirds Hiskija lūdzās Dievu, kad Viņš teica viņam, ka redzējis viņa asaras un dzirdējis lūgšanu.Dievs, dzirdējis Hiskijas lūgšanu, pilnībā dziedināja ķēniņu, un tas trīs dienas palika templī. Vēl vairāk, Dievs par piecpadsmit gadiem palielināja Hiskijas dzīves ilgumu, izglāba viņa pilsētu Jeruzalemi no asīriešu iebrucējiem.

Hiskija labi zināja par to, ka gan dzīvība, gan nāve atrodas Kunga rokās un tādēļ lūgšana Dievam priekš viņa bija svarīgāka par visu. Dievs iepriecināts par Hiskijas sirds pazemību, viņa ticību, apsolīja ķēniņam atveseļošanos. Bet, kad Hiskija prasīja zīmi par dziedināšanu, Viņš lika ēnai atkāpties desmit pakāpienus atpakaļ pēc Ahasa saules pulksteņa (Otrā Ķēniņu 20:11). Mūsu Dievs ir Dievs - dziedinātājs, mīlošs Tēvs katram cietējam.

No citas puses, 2. Laiku grāmatā 16:12-13 teikts: „Un savā trīsdesmit devītajā valdīšanas gadā Asam palika slimas kājas, un viņa slimība augtin pieauga spēkā; taču arī savā slimībā viņš nemeklēja To Kungu, bet meklēja padomu pie ārstiem. Un tā Asa gūlās pie saviem tēviem, un viņš nomira savā četrdesmit pirmajā valdīšanas gadā." Uzkāpjot tronī: „Asa darīja to, kas bija taisns Tā Kunga acīs, kā viņa ciltstēvs Dāvids" (Pirmā Ķēniņu 15:11). No sākuma viņš bija gudrs valdītājs, bet pēc tam pazaudēja ticību Dievam un sāka arvien vairāk paļauties uz ļaudīm. Ķēniņš jau vairs nevarēja saņemt palīdzību no Dieva.

Kad Baeša, izraēliešu ķēniņš, uzbruka Jūdejai, Asa uzticējās Aramas ķēniņam Ben – Hadadam, bet nepaļāvās uz Dievu. Par to Asa bija redzētāja Hananijas norāts, kas tomēr nenovērsa ķēniņu no viņa ceļiem. Tā vietā viņš ieslodzīja Hananiju cietumā

(2. Laiku 16:7-10).

Vēl pirms tam, kā Asa paļāvās uz Ben – Hadadu, Dievs iejaucās kara gaitā tādā veidā, ka Aramas armija nevarēja iekarot Jūdeju. Kā tikai Asa paļāvās uz aramiešu ķēniņu, bet ne uz Dievu, Jūdejas ķēniņš vairāk nevarēja saņemt palīdzību no Viņa. Bez tam, Dievu neiepriecināja arī tas, ka Asa vairāk uzticējās ārstiem, nekā Viņam. Tādēļ Asa nomira tikai divus gadus pēc tā, kad viņam bija uzsūtīta slimība. Neskatoties uz to, ka Asa apliecināja ticību Dievam, viņš nedarīja pienācīgus darbus, nesauca uz Dievu, un Dievs neko nevarēja izdarīt priekš ķēniņa.

Dziedināšanas stars no mūsu Dieva var izdziedināt jebkuras slimības. Paralizētais piecelsies un staigās, aklais kļūs redzīgs, kurlais dzirdēs, mirušais atgriezīsies pie dzīvības. Tādēļ, ka Dievs – Dziedinātājs ir ar neierobežotu varu, slimības nopietnībai nav nozīmes. Tā var būt vienkārša saaukstēšanās, vai vēzis, - priekš Dieva – Dziedinātāja tas ir viens un tas pats. Svarīgāk ir tas, ar kādu sirdi mēs nostājamies Dieva priekšā, vai mēs līdzināmies Asam vai Hiskijam.

Pieņemiet Jēzu Kristu, saprotiet grēka problēmu, iegūstiet

taisnību pēc savas ticības, esiet tīkami Dievam ar pazemīgu sirdi un ticību, kas iet roku rokā ar darbiem, līdzīgi Hiskijas ticībai, un jūs iegūsiet dziedināšanu no jebkādas un no visām slimībām, un atvērsies jums veselīgas dzīves vārti, to es lūdzu mūsu Kunga vārdā!

2. nodaļa

Vai tu gribi vesels kļūt?

Jāņa 5:5-6

,,Tur bija kāds cilvēks, kas trīsdesmit astoņus gadus bija gulējis nevesels. Jēzus, redzēdams viņu guļam un zinādams, ka viņš jau ilgi atrodas tādā stāvoklī, saka viņam: ,,Vai tu gribi vesels kļūt?''

Vai tu gribi vesels kļūt?

Ir daudz dažādu iemeslu, kādēļ ļaudis, kas iepriekš Dievu nepazina, sāk Viņu meklēt un nākt pie Viņa. Viens nāk pie Viņa sekojot savai labai sirdsapziņai, tajā pat laikā kā cits satiekas ar Viņu evaņģelizācijas laikā. Kāds nāk pie Dieva pārdzīvojis smagu laiku dzīvē, neveiksmi biznesā vai nesaskaņas ģimenē. Bet ir tādi, kas uzstājīgi meklē Dievu, ciešot no neizturamām fiziskām sāpēm vai nāves bailēm.

Kā invalīds, kas cieta no sāpēm trīsdesmit astoņus gadus pie baseina, kas saucās Betzata, jums pilnībā jāatdod savu slimību Dieva rokās un jāiegūst dziedināšana, jāvēlas šo dziedināšanu vairāk par visu pasaulē.

Jeruzalemē pie Avju vārtiem atradās dīķis, ko ebrejiski sauca Betzata. Tur varēja nokļūt pa piecām slēgtām ejām, pie kurām pulcējās aklie, klibie un paralizētie gaidot Kunga Eņģeli, kurš kā vēsta leģenda periodiski nonāca pie dīķa, to sakustinot. Eksistēja ticējums, ka pirmais, kas mazgāsies pēc tā dīķa ūdenī, kura nosaukums nozīmēja „žēlastības nams", tiks dziedināts no jebkādas slimības.

Ieraudzījis trīsdesmit astoņus gadus gulošo , paralizēto cilvēku, gulošu pie dīķa un zinot par viņa daudzu gadu ciešanām, Jēzus viņam jautāja: „Vai tu gribi vesels kļūt?" Tas atbildēja: „Kungs, man nav neviena cilvēka, kas mani ienestu dīķī, kad ūdens tiek sakustināts; bet kamēr es pats noeju, cits jau aiziet man priekšā," (Jāņa 5:7).

Tā cilvēks stāstīja Kungam par to, ka, lai arī viņš vēlējās par visu vairāk uz pasaules iegūt dziedināšanu, pats personīgi viņš to izdarīt nevarēja. Mūsu Kungs redzēja cilvēka sirdi un teica viņam: „Celies, ņem savu gultu un staigā!" Un tas cilvēks uzreiz bija dziedināts; un paņēmis gultu, kurā gulēja, staigāja (Jāņa 5:8).

Jums jāpieņem Jēzus Kristus.

Kad cilvēks, kas bija invalīds trīsdesmit astoņus gadus, satika Jēzu Kristu, viņš momentā izveseļojās. Noticējis Jēzum Kristum, patiesajam dzīvības avotam, viņš saņēma visu savu grēku piedošanu un tika dziedināts no slimības.

Vai kāds no jums cieš no slimībām? Ja jūs moka nespēks, ja

jūs vēlaties veikt soli pie Dieva un saņemt dziedināšanu, jums
no sākuma jāpieņem Jēzus Kristus, jākļūst par Dieva bērnu un
jāsaņem piedošana, lai starp jums un Dievu nepaliktu nekādu
šķēršļu. Jums jānotic, ka Visu zinošais un Visu varošais Dievs
var darīt jebkādus brīnumus. Jums tāpat jātic, ka mēs visi esam
izpirkti no mūsu vainām ar Jēzus brūcēm, jātic, ka Jēzus Kristus
vārdā jūs saņemsiet dziedināšanu.

Kad mēs lūdzam ar tādu ticību, Dievs dzird mūsu lūgšanas
un dara dziedināšanas brīnumus. Nav svarīgi cik ielaista ir jūsu
slimība, galvenais, atdot visas jūsu problēmas un slimības Dieva
rokās, atceroties, ka jūs no jauna varat kļūt veseli vienā mirklī,
kad Dieva spēks jūs dziedinās.

Kad triekas ķertais, par kuru rakstīts Marka 2:3-12, pirmoreiz
dzirdēja, ka Jēzus atnācis uz Kapernaumu, viņš ļoti vēlējās
Viņu satikt. Sadzirdējis jaunumus par to, ka Jēzus dziedina no
dažādām slimībām, izdzen nešķīstos garus, dziedina spitālīgos,
paralizētais padomāja, ka ja ticēs, tad arī saņems dziedināšanu.
Kad izrādījās, ka viņš nevarēja tikt tuvāk pie Jēzus, jo apkārt
viņam bija ciešs pūlis, viņa draugi izlauza caurumu mājas jumtā,

kur atradās Jēzus un nolaida viņu lejā uz gultas tieši pie Jēzus. Vai gan jūs varat sev iedomāties, cik ļoti šis paralizētais slimais, vēlējās satikties ar Jēzu? Kā noreaģēja Jēzus uz paralizētā slimā ticību un uzticēšanos, kurš nevarēja bez palīdzības kustēties, nevarēja izlauzties cauri pūlim, bet ar savu draugu palīdzību atradās blakus viņam? Jēzus nenorāja paralizēto par neaudzinātību, bet teica viņam: „Mans bērns, tavi grēki tev piedoti," un ļāva tam piecelties un iet.

Salamana pamācībās 8:17 Dievs saka: „Es mīlu tos, kas mani mīl, un tie, kas mani laikus meklē, mani arī atrod." Ja gribat atbrīvoties no slimības, jums no sākuma, ļoti jāgrib dziedināšana, jātic Dieva spēkam, kas var dziedināt, un jāpieņem Jēzu Kristu.

Jums jāsagrauj grēka siena.

Jūs varat saņemt dziedināšanu Dieva spēkā, neatkarīgi no savas ticības dziļuma. Viņš nevar darboties jūsos tikai, ja jūs no Viņa šķir grēka siena. Tādēļ Jesajas 1:15-17, Dievs mums saka: „Kad jūs paceļat savas rokas, Es apslēpju Savas acis no jums, un, lai cik daudz jūs arī lūgtu, Es jūs tomēr neuzklausīšu, jo jūsu rokas ir aptraipītas asinīm. Mazgājieties, šķīstaties, pārtrauciet savus ļaunos darbus Manu acu priekšā! Mitieties ļaunu darīt! Mācaties labu darīt, meklējiet taisnību, palīdziet apspiestajiem, stājieties pretī varmācībai, piešķiriet pienācīgo tiesu bāriņiem, aizstāviet atraitni! " Bet nākošajā 18. pantā Viņš apsola: „Tad nāciet, turēsim tiesu, saka Tas Kungs. kaut jūsu grēki arī būtu sarkani kā asinis, tomēr tie paliks balti kā sniegs; kaut tie arī būtu kā purpurs, tomēr tie kļūs balti kā vilna." Mēs tāpat lasām Jesajas 59:1-3:

„Redzi, Tā Kunga roka nebūt nav par īsu, lai tā nevarētu palīdzēt, un Viņa auss nav tā aizkritusi, ka tā nevarētu dzirdēt. Bet jūsu pārkāpumi jūs attālina no jūsu Dieva, un jūsu grēki apslēpj Viņa vaigu no jums, ka Viņš neklausās uz jums, jo jūsu rokas ir aptraipītas ar asinīm un jūsu pirksti ir pilni noziegumu, jūsu lūpas runā melus, un jūsu mēle pauž netaisnību."

Tie, kas Dievu nepazīst, nav pieņēmuši Jēzu Kristu, dzīvojošie pēc savām iegribām, nesaprot, ka ir grēcinieki. Kad cilvēki pieņem Jēzu Kristu kā savu Glābēju, saņem Svētā Gara dāvanu, Svētais Gars sāk atmaskot pasauli un parādīt grēkus un patiesību un tiesu. Tad jaunatgrieztie ticīgie sāk redzēt savus grēkus, atzīst un nožēlo tos (Jāņa 16:8-11).

Tomēr ir situācijas, kad ļaudis nesaprot, kas ir viņu grēks, un tādēļ neiznīdē to un nevar saņemt atbildes no Dieva. Iesākumā viņiem jāsaprot, ko Dievs uzskata par grēku. Tādēļ ka visas slimības un vainas nāk no grēka, un tikai atskatoties atpakaļ, sagraujot grēka sienu, jūs varēsiet iegūt dziedināšanu.

Tagad paskatīsimies, ko Raksti saka mums par grēku, un kā sagraut grēka sienu, kas atdala mūs no Dieva.

1. Jums jānožēlo tas, ka neticējāt Dievam un nepieņēmāt Jēzu Kristu kā Glābēju.

Bībele apgalvo, ka mūsu neticība Dievam un Jēzus Kristus nepieņemšana par Glābēju ir grēks (Jāņa 16:9). Daudzi neticīgie uzskata, ka vada pareizu dzīvi, bet šie cilvēki nevar to zināt, tādēļ ka nezin patiesības Vārdus – Dieva gaismu – un nav spējīgi atšķirt labu no ļauna.

Ja paskatītos uz cilvēka dzīvi, kas pārliecināts, ka viņš visu dara pareizi, tad patiesības gaismā, tas ir Visvarenā Dieva Vārda gaismā, kas radījis visumu, pārvalda dzīvību, nāvi, lāstus un svētības, tad var atklāt daudz nepareizā un nepatiesā.

Tādēļ Bībele mums saka, ka „nav neviena taisna, it neviena" (Romiešiem 3:10), un ka „ar bauslības darbiem neviens cilvēks nevar kļūt taisnots Viņa priekšā. Jo bauslība dod grēka atziņu" (Romiešiem 3:20).

Kad jūs pieņemat Jēzu Kristu, nožēlojat savu neticību un to, ka nepieņēmāt Jēzu agrāk, kļūstat par Dieva bērnu, un Dievs kļūst par jūsu Tēvu, jūs saņemat atbildes un tiekat dziedināti no jebkādas slimības.

2. Jums jānožēlo tas, ka nemīlējāt savus brāļus.

Bībele mums saka: „Mīļie, ja Dievs mūs tā ir mīlējis, tad arī mums pienākas citam citu mīlēt" (1. Jāņa 4:11) Tā māca, ka mūsu pienākums ir mīlēt pat savus ienaidniekus (Mateja 5:44). Ja mēs neieredzam mūsu brāļus, mēs parādam nepaklausību Dieva Vārdam un grēkojam.

Jēzus pie krusta parādīja mīlestību pret cilvēci, kas iestigusi grēkos un ļaunumā. Tādēļ mums jāmīl savi vecāki, bērni, brāļi un māsas ticībā. Dieva skatījumā nav pareizi, ja mēs kādu neieredzam vai nevaram piedot, nenozīmīgu un nesvarīgu lietu dēļ kašķējamies cits ar citu.

Mateja 18:23-35 Jēzus stāsta mums tādu līdzību:

„Tāpēc Debesu valstība līdzīga ķēniņam, kas ar saviem kalpiem gribēja norēķināties. Un, kad viņš iesāka norēķinu, viņam pieveda parādnieku, kas tam bija parādā desmit tūkstošus talentu. Bet, kad tas nespēja samaksāt, tad Kungs pavēlēja to pārdot ar sievu un bērniem un visu, kas tam bija, un samaksāt. Tad kalps krita pie zemes un viņu gauži lūdza, sacīdams: cieties ar mani, es tev visu nomaksāšu. Tad kungam palika kalpa žēl, un viņš to palaida un parādu tam arī atlaida. Bet šis pats kalps izgājis ārā, sastapa vienu no saviem darba biedriem, kas tam bija simts denāriju parādā; viņš to satvēra, žņaudza un sacīja: maksā ko esi parādā! Tad viņa darba biedrs krita tam pie kājām un sacīja: cieties ar mani, es tev samaksāšu. Bet viņš negribēja un nogājis to iemeta cietumā, tiekams tas savu parādu samaksā. Kad nu viņa darba biedri to redzēja, tad tie ļoti noskuma, tie aizgāja un izstāstīja savam kungam visu, kas bija noticis. Tad viņa kungs to pasauca un tam sacīja: tu nekrietnais kalps! Visu šo parādu es tev atlaidu, kad tu mani lūdzies. Vai tad tev arīdzen nebija apžēloties par savu darba biedru, kā es par tevi esmu apžēlojies? Un viņa kungs apskaitās un nodeva to mocītājiem, kamēr tas samaksā visu, ko viņš tam bija parādā. Tā arī Mans Debesu Tēvs jums darīs, ja jūs ikviens savam brālim no sirds nepiedosiet."

Saņēmuši piedošanu un Dieva – Tēva apžēlošanu, mēs tomēr nevaram vai nevēlamies samierināties ar savu brāļu kļūdām un pārkāpumiem, bet tā vietā sākam naidoties, saceļamies cits pret citu.

Dievs mums saka: „Katrs, kas savu brāli ienīst, ir slepkava, un jūs zināt, ka neviens slepkava nepatur sevī mūžīgo dzīvību," (1. Jāņa 3:15), „Tā arī Mans Debesu Tēvs jums darīs, ja jūs ikviens savam brālim no sirds nepiedosiet," (Mateja 18:35) un brīdina mūs: „Nenopūtieties, brāļi, cits pret citu, ka netiekat tiesāti. Redzi, soģis stāv durvju priekšā," (Jēkaba 5:9).

Mums jāatceras, ka ja nemīlam brāļus, tos neieredzam, ar to mēs grēkojam, un tad nepiepildīsimies ar Svēto Garu un iegrūdīsim sevi bēdās. Tādēļ, neskatoties uz to, ka reizēm mūsu brāļi mūs neieredz, apbēdina, mēs nedrīkstam tos neieredzēt un atriebjoties apbēdināt, bet labāk glabāt savas sirdis patiesībā, saprast un piedot tiem. Mūsu sirdīm jābūt tīrām, lai pienestu mīlestības lūgšanas par tādiem brāļiem un māsām. Kad mēs saprotam, piedodam un mīlam cits citu ar Svētā Gara palīdzību, Dievs tāpat parādīs mums Savu līdzjūtību un žēlastību un veiks mūsos dziedināšanu.

3. Jums jānožēlo, ja esat lūgušies egoistiski.

Kad Jēzus dziedināja zēnu, kurā bija nešķīsts gars, Viņa mācekļi jautāja: „Kādēļ mēs nespējam to izdarīt?" (Marka 9:28), Jēzus atbildēja: „Šī suga citādi nevar iziet kā vien ar Dieva lūgšanu un gavēšanu," (Marka 9:29).

Lai saņemtu dziedināšanu jābūt lūgšanai un lūgumam pēc palīdzības. Lūgšanas, kas ir egoisma motivētas, nesaņems atbildi no Dieva. Dievs mums mācījis: „Tāpēc, vai ēdat vai dzerat, visu to dariet Dievam par godu," (1. Korintiešiem 10:31). Tādēļ saņemt izglītību, tiekties pēc goda vai varas mēs varam tikai, lai dotu slavu Dievam. Mēs lasām Jēkaba 4:2-3: „Jūs iekārojat, un jums nav; jūs slepkavojat un skaužat un nevarat iegūt; jūs cīnāties un karojat. Jums nav, tāpēc ka jūs nelūdzat Dievu. Jūs lūdzat un nedabūjat, tāpēc ka ar ļaunām sirdīm lūdzat, lai to šķiestu savās kārībās."

Lūgt par dziedināšanu, lai vadītu veselīgu dzīvesveidu – Dieva godam. Uz tādu lūgšanu jūs saņemsiet atbildi. Bet, ja jūs neesat saņēmuši dziedināšanu pat lūdzot par to, iespējams, iemesls slēpjas tajā, ka jūs meklējat kaut ko, kas nav savienojams ar patiesību, kaut Dievs vēlas dot jums pat vairāk, nekā jūs lūdzat.

Kāda lūgšana ir tīkama Dievam? Kā teica Jēzus Mateja 6:33: „Bet dzenieties papriekš pēc Dieva valstības un pēc Viņa taisnības, tad jums visas šīs lietas taps piemestas," tā vietā, lai raizētos par ēdienu, apģērbu un tamlīdzīgām lietām, mums vispirms jāpatīk Dievam, lūdzoties par Viņa valstību un taisnību, par evaņģēlija izplatīšanos un svēttapšanu. Tikai tad Dievs atbildēs uz jūsu sirds vēlmēm un dos jums pilnīgu dziedināšanu no jūsu slimībām.

4. Jums jālūdz grēku piedošana, ja esat lūgušies ar šaubīšanos.

Dievam tīkama lūgšana ar ticību. Mēs lasām Ebrejiem 11:6: „Bet bez ticības nevar patikt. Jo tam, kas pie Dieva griežas, nākas ticēt, ka Viņš ir un ka Viņš tiem, kas Viņu meklē, atmaksā." Par to pašu rakstīts Jēkaba 1:6-7: „Bet, lai viņš lūdz ticībā, nemaz nešaubīdamies, jo, kas šaubās, līdzinās vēja dzītam un mētātam jūras vilnim. Jo tāds cilvēks, vīrs ar dalītu dvēseli, nepatstāvīgs visos savos ceļos, lai nedomā, ka viņš no Tā Kunga ko saņems."

Lūgšana ar šaubām parāda neticību visvarenajam Dievam, Viņa spēka un kompetences apšaubīšanu. Mums šie grēki jānožēlo, pievienojoties ticības patriarhiem, centīgi un karsti jālūdzas, lai iegūtu ticību sirdī.

Daudz reižu Bībelē mēs atrodam, ka Jēzum patika ļaudis, kuriem bija liela ticība, viņš tos izvēlējās par Saviem darbiniekiem, veica Savu kalpošanu caur viņiem. Kad cilvēki nevarēja parādīt savu ticību, Jēzus norāja pat savus mācekļus par mazticību (Mateja 8:23-27), un vienmēr slavēja tos, kam bija dziļa ticība, kaut arī viņi bija pagāni (Mateja 8:10).

Kā jūs lūdzaties, kāda ir jūsu ticība?

Virsnieks Mateja 8:5-13 pienāca pie Jēzus un palūdza izdziedināt savu kalpu, kurš nespēkā guleja mājās un smagi cieta. Jēzus teica virsniekam: „Es iešu un to darīšu veselu," bet virsnieks atbildēja: „Kungs, es neesmu cienīgs, ka tu nāc manā pajumtē, saki tik vienu vārdu, un mans kalps taps vesels." Izdzirdējis tādu atbildi, Jēzus teica apkārtējiem: „Patiesi Es jums saku: ne pie viena Izraēlā Es tādu ticību neesmu atradis." Tajā pašā stundā virsnieka kalps kļuva vesels.

Marka 5:21-43 aprakstīts apbrīnojamas dziedināšanas paraugs. Kad Jēzus bija pie jūras, pie viņa pienāca viens no sinagogas priekšniekiem vārdā Jairs, nokrita viņa priekšā ceļos. Jairs lūdza Jēzu: „Mana meitiņa mirst, lūdzams, nāc un uzliec tai rokas, ka viņa top vesela un dzīvo."

Jēzus gāja kopā ar Jairu, bet pa ceļam sieviete, kas cieta no asins tecēšanas divpadsmit gadus, pienāca pie Viņa. Viņa daudz bija pārcietusi no daudziem ārstiem, iztērējusi ne mazums līdzekļu, bet tā vietā, lai kļūtu vesela, sāka justies vēl sliktāk.

Sieviete dzirdējusi, ka Jēzus bija blakus un pūlī, kas pavadīja Jēzu, piegāja pie Viņa no aizmugures un pieskārās Viņa drēbēm. Tādēļ ka viņa ticēja: „Ja vien Viņa drēbes aizskaršu, tad tapšu vesela." Kad viņa pieskārās ar roku Viņa drēbēm, uzreiz asins avots viņas ķermenī apsīka un viņa juta, ka kļuvusi vesela. Jēzus momentā sajuta, ka spēks izgāja no viņa, pagriezās pūlī un jautāja: „Kas Manas drēbes aizskāris?" Kad sieviete atzinās, Jēzus teica viņai: „Mana meita, tava ticība tev ir palīdzējusi. Ej ar mieru un paliec vesela no savas kaites." Viņš dāvāja sievietei glābšanu un svētīja ar veselību.

Tajā momentā ļaudis no Jaira nama atnāca ar paziņojumu: „tava meita ir nomirusi." Uz ko Jēzus teica Jairam: „nebaidies, tici vien!" Un iegāja viņa namā. Tur Jēzus paziņoja ļaudīm: „meitiņa nav mirusi, bet guļ." Viņš vērsās pie meitenītes ar vārdiem: „Tabita, kūmi!" Tas ir tulkots: „Meitiņa, Es tev saku, celies augšā!" Meitenīte uzreiz piecēlās un sāka staigāt."

Ziniet, ka kad jūs lūdzat ar ticību, notiek dziedināšanas pat no ļoti nopietnas slimības un mirušie atgriežas dzīvē. Ja līdz šai dienai jūs esat lūguši ar šaubīšanos, pieņemiet dziedināšanu un topat stipri, atzīstat un nožēlojat šo grēku.

5. Jums jānožēlo tas, ka esat pārkāpuši Dieva baušļus.

Jāņa 14:21 Jēzus mums saka: „Kam ir Mani baušļi, un kas viņus tur, tas Mani mīl, bet, kas Mani mīl, to Mans Tēvs mīlēs un Es to mīlēšu un tam parādīšos." 1. Jāņa 3:21-22, mums tāpat tiek atgādināts: „Mīļie, kad mūsu sirds nepazudina mūs, tad mums ir paļāvība uz Dievu, un visu, ko mēs lūdzam, to saņemam no Viņa, jo mēs turam Viņa baušļus un darām to, kas Viņam patīkams." Grēciniekam nav drošības Dieva priekšā. Bet, ja mūsu sirdis ir bez vainas Vārda patiesības gaismā, mēs varam droši prasīt Dievam, ko vēlamies.

Kā ticīgajiem, mums jāzina un jāpilda Desmit Baušļi, kuri

ir kā īss visu sešdesmit sešu Bībeles grāmatu apkopojums, un jāsaprot cik mēs pildām tos savā dzīvē.

I. Vai manā sirdī nav bijuši citi dievi, izņemot vienīgo Dievu?

II. Vai neesmu darījis elkus no savas bagātības, bērniem, veselības, biznesa, vai tos nepielūdzu?

III. Vai nelietoju velti Dieva vārdu?

IV. Vai vienmēr ievēroju Sabatu?

V. Vai vienmēr esmu godājis savus vecākus?

VI. Vai neesmu veicis slepkavības fiziskā vai garīgā veidā, neieredzot brāļus un māsas, grūžot tos uz grēku?

VII. Vai neesmu pārkāpis laulību, kaut vai tikai domās?

VIII. Vai neesmu zadzis?

IX. Vai neesmu devis viltus liecību pret savu tuvāko?

X. Vai neesmu iekārojis svešu?

Jums tāpat jāatskatās uz savu dzīvi un jāpārbauda, cik jūs esat pildījuši Dieva pavēles mīlēt savu tuvāko   tā, kā jūs mīlat sevi. Ja jūs pildāt Dieva Baušļus un kaut ko lūdzat no Viņa, Dieva spēks dziedinās jūs no visām slimībām.

6. Jums jānožēlo tas, ka neesat sējuši Dievā.

Tā kā Dievs pārvalda visumu, Viņš noteicis garīgās sfēras likumu apkopojumu, un kā taisnīgs tiesnesis vada mūs un visu attiecīgi pārvalda.

Daniela grāmatā, 6. nodaļā, ķēniņš Dārijs nokļuva situācijā, kad viņam, kaut arī viņš bija ķēniņš, nebija iespējas izglābt savu mīļoto kalpu Danielu, kuram draudēja nāve, bedrē ar lauvām. Tā kā Dārijs pats personīgi bija parakstījis pavēli, viņš nevarēja pārkāpt likumu, kuru pats bija apstiprinājis. Ja ķēniņš pirmais pārkāptu likumu, kas tad pēc tā cienītu un kalpotu viņam? Tādēļ Dārijs neko nevarēja izdarīt, lai arī viņa mīļotajam kalpam draudēja nāve dēļ nelietīgu ļaužu intrigām.

Tāpat arī Dievs nepārkāpj likumus un baušļus, kurus Viņš pats noteicis. Visums tiek pārvaldīts saskaņā ar likumiem, kas ir Viņa noteikti. Tādēļ teikts: „Nepievilieties, Dievs neļaujas apsmieties. Jo, ko cilvēks sēj, to viņš arī pļaus," (Galatiešiem 6:7).

Cik jūs sējat lūgšanā, tik jūs saņemsiet atbildes un tik augat garīgi, jūsu iekšējais cilvēks nostiprināsies, bet gars atjaunosies. Ja jums bija slimības vai kādas citas vainas, bet tagad jūs sējat savu laiku ar mīlestību uz Dievu, centīgi piedaloties visās sapulcēs un dievkalpojumos, jūs saņemsiet veselības svētību un nekļūdīgi jutīsiet, ka jūsu ķermenis izmainās. Ja jūs sējat bagātību Dievā, Viņš aizsargās jūs un norobežos no pārbaudījumiem, dos jums vēl lielākas bagātības svētības.

Kad jūs sapratīsiet, cik svarīgi sēt Dievā, kad atmetīsiet cerības uz šo iznīcībai lemto pasauli, sāksiet ievākt balvas debesīs patiesajā ticībā, tad visuvarenais Dievs vedīs mūs pie veselīgas dzīves.

Mēs tikko izskatījām caur Dieva Vārdu, kas kļūst par sienu starp Dievu un cilvēku, un kāpēc mēs dzīvojam ciešanās un slimībās. Ja jūs neticējāt Dievam un cietāt no slimībām, pieņemiet Jēzu par savu Glābēju un sākat dzīvi Kristū. Nebaidieties no tā, kas nogalina miesu, baidieties no Tā, kas var notiesāt miesu un garu, glabājiet savu ticību Dievam Glābējam no vajāšanām no vecāku, radu, laulāto un citu puses. Kad Dievs atzīst jūsu ticību, Viņš sāks darboties un jūs varēsiet saņemt dziedināšanas svētības.

Ja jūs esat ticīgais, bet ciešat no slimības, atskatieties uz savu dzīvi, vai nav palicis tajā ļaunums: ienaids, greizsirdība, skaudība, netaisnība, netīrība, skopums, egoisms, slepkavības, strīdi, tenkas, aprunāšanas, lepnums un tamlīdzīgas lietas. Lūdzaties Dievu, saņemiet piedošanu, kuru Viņš dod savā žēlastībā un līdzjūtībā un tāpat saņemiet dziedināšanu, kā atbildi uz savu problēmu.

Daudzi pielieto mēģinājumus tirgoties ar Dievu. Viņi saka, ja Dievs vispirms dziedinās no slimībām, tad viņi sāks ticēt Jēzum un būs priekšzīmīgi ticīgie. Bet, tā kā Dievs pazīst ļaužu sirdis, tad fiziski dziedinās tikai pēc tam, kad cilvēks attīrīsies garīgi.

Es vēlu jums saprast, ka Dieva domas ir augstākas par cilvēka domām, vēlu jums paklausīt Dieva gribai, lai jūsu gars būtu vesels un, lai jūs saņemtu dziedināšanas svētības no visām savām slimībām, to lūdzos mūsu Kunga Vārdā!

3. nodaļa

Dievs – Dziedinātājs

2. Mozus 15:26

,,Ja jūs klausīdami klausīsiet Tā Kunga, sava Dieva, balsij un darīsiet, kas taisns Viņa acīs, un ievērosiet Viņa baušļus un turēsiet Viņa likumus, tad Es pār jums nelikšu nākt tām slimībām, kādām Es esmu licis nākt pār ēģiptiešiem, jo Es esmu Tas Kungs, jūsu ārsts,''

Kāpēc cilvēki slimo?

Neskatoties uz to, ka Dievs – Dziedinātājs vēlas, lai visi Viņa bērni dzīvotu veselīgu dzīvi, daudzi no tiem cieš no vainām, nespējot saprast slimību cēloni. Līdzīgi tam, kā ik vienām sekām ir iemesls, arī slimībai ir priekšnosacījums. Tā kā dziedināšana no slimības seko pēc tās iemesla noteikšanas, ikvienam, kas vēlas izārstēties, vispirms jāsaprot slimības iemesls. Dieva Vārds, 2. Mozus grāmatā 15:26, palīdzēs mums pārdomāt slimību iemeslus un par izārstēšanās veidiem un veselīgas dzīves dzīvošanu.

„Kungs" tas ir Dieva Vārds, un tas nozīmē „Es esmu tas, kas Es esmu," (2. Mozus 3:14). Šis vārds tāpat nozīmē, ka viņa Īpašnieks pārvalda arī visas citas būtnes, būdams Visaugstākais Dievs. Tā kā Dievs sauc sevi par „Kungu – mūsu ārstu" (2. Mozus 15:26), mēs uzzinām, ka tieši Dieva mīlestība atbrīvo mūs no slimību agonijas, un ka Dieva varā – dziedināt vainas.

2. Mozus 15:26, Dievs apsola: „Ja jūs klausīdami klausīsit Tā Kunga, sava Dieva, balsij un darīsiet, kas taisns viņa acīs,

un ievērosiet Viņa baušļus un turēsiet Viņa likumus, tad Es pār jums nelikšu nākt tām slimībām, kādām Es esmu licis nākt pār ēģiptiešiem, jo Es esmu Tas Kungs jūsu ārsts." Tādēļ, ja jūs esat saslimis, tas liecina par to, ka jūs nepietiekoši uzmanīgi ieklausījāties Viņa balsī, nepildījāt pienākumu, nepievērsāt uzmanību Viņa baušļiem.

Esot Debesu pilsoņiem, Dieva bērniem jāpaklausa debesu likumiem. Jo, ja viņi neseko likumam, Dievs nevarēs aizsargāt tos, jo grēks arī ir likumpārkāpums. (1. Jāņa 3:4). Tad slimība pastiprināsies, un nepaklausīgie kļūs par tās upuriem.

Tagad uzmanīgi tiksim skaidrībā par slimību iemesliem un par to, kā Dieva – Dziedinātāja vara var apturēt slimībā esošo ciešanas.

Slimība kā grēka rezultāts.

Visu Bībeles vēstījumu gaitā Dievs pastāvīgi atgādina mums,

ka slimības iemesls ir grēks. Jāņa 5:14, teikts: „Pēc tam Jēzus to atrod Templī un saka viņam: „Redzi, tu esi vesels kļuvis; negrēko vairs, lai tev nenotiek kas ļaunāks." Šis pants liecina mums par to, ka ja cilvēks gatavs sagrēkot, viņu var sasniegt vēl ļaunāka slimība, un ka tieši grēka rezultātā ļaudis saslimst.

5. Mozus,7:12-15 Dievs apsolījis mums, ka „Svētīts tu būsi pār visām tautām: neauglīgu nebūs nedz tavu ļaužu, nedz tavu lopu starpā. Un Tas Kungs novērsīs no tevis visādas slimības un visādas ļaunas ēģiptiešu sērgas, ko tu pazīsti, bet Viņš ar tām vajās visus tos, kas tevi ienīst." Tajos, kas ienīst, dzīvo ļaunums un grēks, un uz tādiem būs uzsūtītas slimības.

2. Mozus grāmatā 28, kas pazīstama kā „Svētību nodaļa", Dievs stāsta mums par tām svētībām, kuras mēs saņemsim, ja pilnībā sekosim Dieva gribai un visiem Viņa baušļiem. Viņš tāpat runā par lāstiem, kuri nāks pār tiem, kas nepietiekami rūpīgi pilda viņa baušļus un pamācības.

Īpaši detalizēti aprakstītas tās slimības, kuras nāks pār tiem, kas nepaklausa Dievam. Tas ir gan mēris, gan tīfs, gan karsonis, gan drudzis un augoņi. „Un tu kļūsi ārprātīgs, redzēdams to, ko tavas acis skatīs. Un Tas Kungs tevi sitīs ar ļauniem augoņiem uz ceļiem un lieliem, ka tu kļūsi neizdziedināms no savām kāju pēdām līdz tavai galvas virsai," (5. Mozus 28:21-35).

Saprotot, ka slimības iemesli ir grēkā, ja saslimsi, pirmais, kas jādara jānožēlo tas, ka nedzīvoji pēc Dieva Vārda un saņem piedošanu. Ja saņemsi dziedināšanu, dzīvojot pēc Vārda, nekad vairs nevajadzētu grēkot.

Slimība kā neatzīta grēka rezultāts.

Kādi apgalvo, ka nekad nav grēkojuši, bet tajā pat laikā – slimo. Taču Dieva Vārds saka mums, ka ja mēs darām taisnu Dieva acu priekšā, ja uzmanīgi pildām Viņa baušļus un pavēles, Dievs neuzsūtīs mums nekādu kaiti. Ja mūs pievarējuši slimība, tad jāatzīst, ka mēs esam atgājuši no Viņa baušļiem.

Kāds gan tad ir grēks, kas izraisa slimības?

Ja mēs lietojam ķermeni, ko mums devis Dievs bezatbildīgi un nekaunīgi, neievērojam Viņa likumus, darām kļūdas, dzīvojam nekārtīgu dzīvi, tad riskējam saslimt. Pie tā attiecas arī kuņģa – zarnu trakta traucējumi, ko izraisa vēdera baudas apmierināšana, aknu slimības, ko izraisa smēķēšana un dzeršana un daudzas – daudzas citas kaites no negausības un pārmērībām.

No ļaužu skatījuma tas varbūt arī nav grēks, bet no Dieva skatu punkta – pats īstākais. Rijība ir grēks, tādēļ ka parāda cilvēka alkatību un nespēju sevi kontrolēt. Ja saslimsti no nepareiza ēšanas režīma, tad zini, ka tavs grēks – mērenības trūkums, nepareizs dzīvesveids un pašdisciplīnas trūkums. Ja esi saslimis no negatava ēdiena, tad tavs grēks – pacietības trūkums, tas nozīmē ka rīkojies ne pēc Dieva likuma.

Ja tu neuzmanības dēļ esi sagriezies, un rētā parādījies iekaisums, tad tas arī – grēka rezultāts. Ja tu patiesi mīlētu Dievu, Viņš būtu pasargājis tevi no nejaušībām. Un pat, ja tu izdarītu kļūdu, Dievs būtu paredzējis no tās izeju, Viņš darbojas par labu tiem, kas viņu mīl. Brūces un traumas izraisa nemiers un steiga, kas nav pareizi Dieva skatījumā, un tātad ir grēks.

Tas pats attiecas uz smēķēšanu un dzeršanu. Ja zinādams, ka tabakas dūmi padara neskaidru prātu, kaitē bronhiem un izraisa vēzi, tu tomēr turpini smēķēt, un ja zinādams, ka alkohols sagrauj iekšējos orgānus, bet tomēr nevari atmest, tad grēko. Jo tas runā par tavu nespēju kontrolēt sevi, par alkatību, bezatbildīgu attieksmi pret paša ķermeni, par to ka neseko Dieva gribai. Vai gan tas viss nav grēks?

Ja pat jums nav pilnīga pārliecība, ka visas slimības ir kā grēka sekas, mēs varam pārliecināties par to, salīdzinot to vai citu gadījumu ar to, ko saka Dieva Vārds. Mums jābūt paklausīgiem Dievam, jādzīvo pēc Viņa Vārda, un tikai tad atbrīvosimies no slimību valgiem. Citiem vārdiem, kad rīkojamies pareizi no Dieva redzējuma, uzmanīgi ievērojam Viņa baušļus, ievērojam visas Viņa pamācības, Viņš aizsargās mūs un atbrīvos no visādām vainām.

Slimības, ko izraisa neiroze un citi nervu darbības traucējumi.

Statistika liecina, ka arvien vairāk ļaužu cieš no neirozēm un citiem nervu darbības traucējumiem. Ja cilvēks ir pacietīgs, kā to māca Dieva Vārds, visu piedodošs, ar mīlestību, patiesības izpratni, tad viņam nav grūtību tikt dziedinātam no tādām slimībām. Taču ļaunums ļaužu sirdīs liek viņiem šķēršļus dzīvot pēc Vārda. Apziņas traucējumi sagrauj visu organismu un imūno sistēmu, provocējot citas saslimšanas. Kad mēs dzīvojam pēc Vārda, mūsu emocijas atrodas mierā, mēs nekrītam naidā, mūsu apziņa paliek skaidra.

Ir arī tādi, kas nešķiet ļauni, bet labsirdīgi un tomēr cieš no tādām slimībām. Tā kā viņi cenšas apvaldīt pat pašas parastākās emocijas, tad cieš no nopietnākām vainām, nekā tie, kuri atklāti demonstrē savas dusmas. Labais ir nevis agonējošs konflikts starp pretējām emocijām, bet saprast vienam otru un mīlestībā pieņemt, pašdisciplīna un izturētība.

Bez tam, kad ļaudis dara grēku un zina par to, viņi cieš no depresijas, kas izskaidrojama ar iekšējo cīņu un pretrunām. Novērsušies no labā ceļa, viņi iesakņojas ļaunumā, gara satraukumi izsauc ķermeņa saslimšanu. Mums jāzina, ka neirozes un citas garīgas saslimšanas notiek pašu slimo vainas dēļ, ir muļķības un izlaidības rezultāts. Bet pat tādos gadījumos, Mīlestības Dievs dziedinās visus cietējus un tos, kas vēlas Dieva dziedināšanu. Vēl vairāk, Viņš tāpat dāvā tiem cerību uz mūžīgo dzīvi Debesīs, ļauj viņiem dzīvot ilgi un laimīgi.

Slimības, ko uzsūta ienaidnieks velns, arī ir no grēka.

Daži ļaudis sātana saistīti cieš no visām slimībām, kuras viņiem uzsūtījis ienaidnieks velns. Tas notiek tādēļ, ka viņi aizmirsuši Dieva gribu un aizgājuši no patiesības. Īpaši daudz tādu ir elku pielūdzēju ģimenēs, jo Dievs ienīst elkdievību.

2, Mozus 20:5-6, teikts: „Nezemojies to priekšā un

nekalpo tiem, jo Es Tas Kungs, tavs Dievs, esmu dusmīgs
Dievs, kas tēvu grēkus pie bērniem piemeklē līdz trešajam un
ceturtajam augumam tiem, kas Mani ienīst, un dara žēlastību
līdz tūkstošajam augumam tiem, kas Mani mīl un tur Manus
baušļus." Viņš īpaši pamācījis mūs nekalpot elkiem. No desmit
Dieva baušļiem, divi pirmie – „Lai tev nebūtu citu Dievu Manā
priekšā" (3p.) un „Netaisi sev elku un nekādu atveidu no tā, kas
augšā debesīs, ne no tā, kas lejā uz zemes, ne no tā kas ūdenī zem
zemes" (4p.) - tādēļ droši var pateikt, ka Dievs neieredz elku
pielūdzējus.

Ja vecāki parāda nepaklausību Dieva gribai un kalpo elkiem,
tad viņu bērni, dabīgi, sekos postošajam piemēram. Ja vecāki
parāda nepaklausību Dieva gribai un dara ļaunus darbus, tad
viņu bērni, dabīgi, arī darīs ļaunus darbus. Kad nepaklausības
grēks sasniedz trešo un ceturto paaudzi, pēc grēka likuma
pēcnācēji cietīs no slimībām, ko tiem uzsūtīs ienaidnieks velns.

Bet ja vecāki pielūdz elkus, bet viņu bērni ar labām sirdīm
kalpo Dievam, Viņš parādīs savu mīlestību un žēlastību

un svētīs tos. Pat, ja patreizējā momentā neviens necieš no ienaidnieka velna uzsūtītām slimībām, aizmirstot par Dieva gribu un nostājoties uz nepatiesības ceļa, viņam tikai jānožēlo un jānovēršas no grēka, un saņems šķīstīšanu no Dieva – Dziedinātāja. Dažus Viņš dziedinās nekavējoši, citi saņems dziedināšanu vēlāk, pārējie – saskaņā ar ticības izaugsmi. Dziedināšanas darbi notiek pēc Dieva gribas: tie, kuru sirdis uzticīgas, tiks dziedināti nekavējoties, bet tie, kuru sirdis šaubīgas, tiks dziedināti vēlāk.

Dzīvojošie ticībā attīrīsies no slimībām.

Mozus bija vairāk paklausīgs Dievam, nekā jebkurš no dzīvojošajiem uz zemes (3. Mozus 12:3), viņš bija uzticīgs Dievam visā, bija paklausīgs un uzticams Dieva kalps (3. Mozus 12:7). Bībele tāpat saka mums, ka kad Mozus nomira simts divdesmit gadu vecumā, viņa redze palika skaidra un spēks viņu nepameta (5. Mozus 34:7). Ābrahāms bija paklausīgs Dievam, savā ticībā viņš pagodināja Viņu, tādēļ arī nodzīvoja līdz 175 gadiem (2. Mozus 25:7). Danielam bija stipra veselība, lai arī viņš ēda tikai augļus (Daniels 1:12-16), un Jānis Kristītājs bija ar izcilu spēku, lai arī ēda tikai siseņus un meža bišu medu (Mateja 3:4).

Apbrīnojami, ka Bībeles vīriem izdevās saglabāt veselību, pat pilnībā atsakoties no gaļas. Un tomēr, kad Dievs radīja cilvēku, Viņš lika tiem lietot barībā tikai augļus. 1. Mozus 2:16-17, Dievs saka cilvēkam: „No visiem dārza kokiem ēzdams ēd. Bet no laba un ļauna atzīšanas koka tev nebūs ēst, jo tai dienā, kad tu ēdīsi no tā, tu mirdams mirsi." Pēc nepaklausības akta, ko izdarīja Ādams, Dievs lika lietot barībā izaudzētos kultūras augus (1. Mozus 3:18) un pēc grēka pavairošanās šajā pasaulē, pēc Lielajiem Plūdiem, Dievs teica Noasam 1. Mozus 9:3: „Viss, kas vien kust un kam ir dzīvība, lai jums ir par barību. Es jums to visu nododu, tāpat arī zaļos augus, lai tie jums noder barībai." Pēc tā mēra kā pieauga ļaunums ļaužu dvēselēs, Dievs atļāva cilvēkam ēst gaļu, tādu kas neizraisīja pretīgumu (3. Mozus 11; 5. Mozus 14).

Jaunās Derības laikos Dievs mums teica, Apustuļu darbos

15:29, „Sargājaties no elku upuriem, asinīm, nožņaugtā un netiklības, no tā sargādamies jūs labi darīsiet. Dzīvojiet veseli!" Viņš atļāva mums lietot barību, kad dod labumu veselībai, un lika atteikties no barības, kas kaitē. Atteikties no dzeramā un ēdamā, ko aizliedzis Dievs, dod veselībai tikai labu. Dzīve pēc Dieva gribas un pēc ticības nostiprina organismu, dziedina un pasargā no slimībām.

Bez tam, taisnīga dzīve iznīdē slimību, jo divus tūkstošus gadus atpakaļ Jēzus Kristus atnāca uz šo pasauli, lai ņemtu uz sevi visas mūsu nastas. Mēs ticam, ka Jēzus izlēja savas asinis par mums, izpirka mūsu grēkus (Mateja 8:17), dziedināja mūs pēc mūsu ticības (Jesaja 53:5-6); (1. Pētera 2:24).

Līdz brīdim, kamēr satikām Dievu, mēs bijām bez ticības. Mēs dzīvojām, sekojot grēcīgās miesas iegribām un cietām no neskaitāmām slimībām, kas bija mūsu darīto grēku sekas. Bet dzīvojot pēc ticības, darot to, kas pienākas un ir taisns, mēs saņemam svētību – stipru fizisko veselību.

Veselā miesā mājo vesels gars un skaidrs prāts. Dzīvojot taisnībā, rīkojoties pēc Dieva Vārda, mēs atveram savus ķermeņus Svētajam Garam, kas tos piepilda, slimības mūs atstās, mēs iegūsim stipru veselību, pārtrauksim slimot. Mēs dzīvosim mierā, gaismā, priekā un veselībā, priecājoties un pateicoties Dievam par šo dāvanu.

Rīkojieties taisnībā un ticībā un, lai jūsu gars un miesa paliek veseli, lai pamet jūs slimības un vainas! Lai Kungs dāvā jums dziedināšanu un stipru veselību! Lai viņa bagātīgās mīlestības straumes izlejas pār jums, kas esat Viņam paklausīgi un dzīvojat pēc Viņa Vārda – mūsu Kunga vārdā lūdzos par to!

4. nodaļa

Ar Viņa brūcēm mēs esam dziedināti

Jesaja 53:4-5

„*Taču Viņš nesa mūsu sērgas un ciešanas, un mūsu sāpes Viņš bija uzkrāvis sev, kurpretī mēs viņu uzskatījām par sodītu, Dieva satriektu un nomocītu. Viņš bija ievainots mūsu pārkāpumu dēļ un mūsu grēku dēļ satriekts. Mūsu sods bija uzlikts Viņam mums par atpestīšanu, ar Viņa brūcēm mēs esam dziedināti,*"

Jēzus – Dieva Dēls – visu slimību dziedinātājs.

Katrs no mums dzīvē ir saskāries ar daudzām problēmām.

Līdzīgi jūrai, kas reti mierīga, dzīves okeāns ierauj mūs grūtību dzelmē, gan ģimenē, darbā, biznesā, ar finansēm un ar veselību u.t.t. Tas nebūs stipri pārspīlēts ja paziņosim, ka no visām dzīves likstām pati lielākā – tā ir problēma ar veselību.

Neatkarīgi no mūsu zināšanu dziļuma un maciņa izmēra, ja vien mūs sasniedz nopietna slimība, tad viss par ko mēs rūpējāmies dzīves gaitā, pārvērtīsies par ziepju burbuli. No vienas puses, zināms, ka materiālās labklājības stāvokļa pieaugums atstāj pozitīvu ietekmi uz veselības uzturēšanu. No citas puses, neatkarīgi no tā, kādu progresu sasniedz zinātne un medicīna, parādās arvien jaunas, retas un sarežģītas saslimšanas, pret kurām cilvēks, ar visām viņa zināšanām ir bezspēcīgs. Slimnieku skaits nesamazinās, bet tikai pieaug. Droši vien, tādēļ arī arvien vairāk šajos laikos runā par veselību.

Ciešanas, slimības un nāve, iet roku rokā ar grēku, liek šķēršļus visam, ko ļaudis iesāk. Kā arī senos laikos, Dievs – Dziedinātājs arī pašlaik dod mums, kas ticam Viņam, iespēju tikt dziedinātiem caur Jēzu Kristu. Tagad pievērsīsimies Bībelei un noskaidrosim, kāpēc dziedināšana un veselība ļaudīm tiek dāvāta caur ticību Jēzum Kristum.

Kad Jēzus jautāja apustuļiem par to, kas Viņš ir, Sīmanis Pēteris atbildēja: „Tu – Kristus, Dzīvā Dieva Dēls," (Mateja 16:15-16). Šī atbilde skan vienkārši, bet šeit ir pateikts, ka tieši Jēzus ir Kristus (Mesija).

Kristus laikā lieli ļaužu pūļi Viņam sekoja cerībā uz tūlītēju dziedināšanu. Starp viņiem bija arī dēmonu apsēstie, ar krītamo kaiti, spitālīgie un daudzi citi, slimību skartie. Dziedināšanu ar vienu vien Kristus pieskārienu saņēmušie, spitālīgie, klibie, aklie un citi, tūdaļ pat palika par Viņa kalpiem un sekotājiem. Apbrīnojami dziedināšanas skati! Liecinot par dziedināšanas brīnumiem, ļaudis nosliecās ticēt Kristum, ieguva atbildes uz neatrisinātiem dzīves un nāves jautājumiem; slimie ieguva veselības dāvanas. Vēl vairāk, līdzīgi tam , kā Jēzus dziedināja nāvei nolemtos savas zemes dzīves laikā, Viņš dāvā dziedināšanu ticīgajiem arī šodien.

Cilvēku, kas maz ar ko atšķirās no tā paralizētā, kādu reizi atveda uz piektdienas vakara dievkalpojuma sapulci, drīzumā pēc mūsu draudzes dibināšanas. Pēc DTP šis vīrietis izgāja ilgu slimnīcas terapijas kursu. Taču ceļgala dzīslas sastiepuma un ikru nekustīguma dēļ, viņš nevarēja saliekt ceļus un patstāvīgi pārvietoties. Sadzirdējis manis sludināto Vārdu, viņš tūdaļ pat vēlējās pieņemt Jēzu Kristu un palikt vesels. Es no sirds palūdzos par sakropļoto, pēc kā tas uzreiz ieguva spēju ne tikai staigāt, bet arī skraidīt. Līdzīgi slimajam pie Krāšņajām Tempļa durvīm, kurš sāka staigāt pēc Pētera lūgšanas (Ap. d. 3:1-10), brīnišķais Dieva nodoms bija atklāts cilvēkiem.

Tas kalpo par pierādījumu tam, ka ticīgie Jēzum Kristum, Viņa vārdā saņēmuši piedošanu, var iegūt pilnīgu dziedināšanu, pat, ja medicīnas zinātne cietusi sakāvi, jo Kungs atjauno cilvēku ķermeņus. Dievs ir tas pats, kas vakar, šodien un rīt un mūžīgi (Ebrejiem 13:8), dara savu nodomu pie cilvēkiem, kas tic Viņa Vārdam un alkst pēc lielas ticības, dziedina slimības, dāvā redzi aklajiem, nostāda uz kājām paralizētos.

Katram, kas pieņēmis Jēzu Kristu, saņēmis grēku piedošanu,

kļuvis par Dieva bērnu, tagad jādzīvo brīva dzīve. Tagad izskatīsim detalizēti, kāpēc ticība Kristum dāvā veselību.

Jēzus bija sodīts un izlēja asinis.

Līdz piesišanai krustā Jēzus bija romiešu kareivju sodīts un izlēja savas asinis Poncija Pilāta tiesas priekšā. Romiešu kareivji izcēlās ar stipru veselību, lielu spēku un fizisko sagatavotību. Jo viņi bija impērijas kareivji, kuri pārvaldīja pasauli. Briesmīgās sāpes, kuras Jēzus, šo kareivju šaustīts pārcieta, nav vārdiem aprakstāmas. Katrs pletnes sitiens izrāva veselus miesas gabalus, Kristus asiņu straumes lija pa visu Viņa ķermeni.

Kāpēc Jēzum, Dieva Dēlam, bezgrēcīgam taisnajam vajadzēja uzņemties tik briesmīgu sodu par mūsu grēkiem? Jo tajos senajos notikumos ietverts liels garīgs nodoms, kas liecina par Dieva brīnišķu providenci.

1 Pētera 2:24 teikts, ka ar Kristus ciešanām mēs esam dziedināti. Jesajas 53:5 rakstīts, ka mēs esam dziedināti ar Viņa

brūcēm. Apmēram divus tūkstošus gadus atpakaļ Jēzus Kristus, Dieva Dēls, cieta, lai mūs izpirktu, izlēja savas asinis par mūsu grēkiem, tādēļ ka mēs nedzīvojām pēc Dieva Vārda. Sākot ticēt Kristum, nomocītam un asiņojošam, mēs attīrāmies no slimībām, iegūstam dziedināšanu. Tāda ir apbrīnojamā Dieva mīlestība un gudrība!

Līdz šim laikam, ja Dieva bērns cieš no slimības, viņam jānožēlo grēki un jāsāk ticēt dziedināšanai. „Jo ticība ir stipra paļaušanās uz to, kas cerams, pārliecība par neredzamām lietām," Ebrejiem 11:1), un pat ja jūti sāpes, nespēku locekļos, ar ticību saki: „Esmu dziedināts," un iegūsi dziedināšanu.

Kādu reizi, vēl būdams skolnieks, es reiz salauzu ribu. Brīžiem sāpes no lūzuma atgriezās un bija tik neizturamas, ka es ar grūtībām elpoju. Pēc gada vai diviem pēc tam, kad es pieņēmu Jēzu Kristu, es mēģināju pārvietot kādu smagumu, un pēkšņi sajutu tādas asas sāpes, ka pat ne soli nespēju paspert. Bet tomēr ticot Dieva visspēcībai, es tūlīt pat sāku sirsnīgi lūgties: „Lai drīzumā pēc lūgšanas sāpes pāriet un, lai man atkal viss ir kārtībā." Ticot tikai vienam Visspēcīgam Dievam, es atbrīvojos no sāpēm, varēju nostāties uz kājām un paiet. Šķita, ka sāpes bija vienīgi manā iztēlē.

Kā mums māca Jēzus, Marka 11:24, „Tāpēc Es jums saku, visu, ko jūs lūgdami lūgsiet, ticiet, ka jūs dabūsiet, tad tas jums notiks." Ja ticam, ka jau esam veseli, tad arī saņemsim dziedināšanu pēc savas ticības. Bet neticot dziedināšanai, attaisnojoties ar fiziskām sāpēm, mēs nesaņemsim dziedināšanu no slimības. Citiem vārdiem, tikai ja pārvaram domu važas, mēs atveram ceļu ticībai.

Tādēļ Dievs arī saka mums, ka grēcīgais saprāts ir Dieva ienaidnieks (Romiešiem 8:7), aicinot mūs visas domas pakļaut Dievam (2. Korintiešiem 10:5). Bez tam, Mateja 8:17, teikts, ka Jēzus ņēma uz sevi mūsu sērgas un vainas. Ja domāsi, ka esi vārgs, paliksi vārgs. Un kopumā, nav svarīgi cik grūta un neizturama tava dzīve, vajag tikai tev pasludināt: „Manī ir spēks un ar mani ir Dieva labvēlība, un Svētais Gars mani vada, tādēļ es nejūtu nekādu vājumu," – un katra vaina atkāpsies, un kļūsi izturīgs miesā un stiprs garā.

Patiešām, ja mēs ticam Jēzum Kristum, kurš ņēma uz sevi

mūsu vainas un slimības, tad nav mums jēgas ciest no kaitēm.

Kad Jēzus ieraudzīja viņu ticību.

Lai saņemtu dziedināšanu no Jēzus, vajadzīga ticība pašai dziedināšanas iespējamībai. Tagad daudzi, kas iepriekš nav ticējuši Jēzum Kristum, nostājas Viņa priekšā ar savām kaitēm. Kādi tūlīt pat iegūst izdziedināšanu, tikko pieņēmuši Jēzu Kristu, citiem nav nekādu atveseļošanās pazīmju pat pēc daudziem lūgšanu mēnešiem. Tādiem uzmanīgi jāpārliecinās par pašu ticību.

Vadoties pēc stāstītā Marka 2:1-12, izskatīsim, kā paralizētais un viņa draugi nodemonstrēja savu ticību, uzticējās Kunga dziedinošajām rokām un deva slavu Dievam.

Kad Jēzus atnāca uz Kapernaumu, ziņas par Viņa atnākšanu ātri izplatījās starp iedzīvotājiem, un daudzi sapulcējās, lai satiktos ar Viņu. Jēzus sludināja viņiem Dieva Vārdu, patiesību, un pūlis uzmanīgi Viņu klausījās, kāri tverot katru Jēzus vārdu. Tieši tajā pat momentā, četri atnesa Viņam paralizēto, nespējot tomēr tikt tuvāk Skolotājam.

Bet viņi nepadevās. Viņi uzkāpa uz mājas jumta, kurā atradās Jēzus, atplēsa tur caurumu, un nolaida caur to gultu ar paralizēto. Kad Jēzus redzēja Viņu ticību, viņš teica paralizētajam: „Mans dēls, tavi grēki tev ir piedoti... celies ņem savu gultu un ej," pēc tā, viņš ieguva tik ļoti kāroto dziedināšanu. Kad cilvēks paņēma savu gultu un izgāja no mājas, pārsteiguma vilnis pārvēlās pār tiem, kas bija sapulcējušies, un tie nekavējoši deva godu Dievam.

Paralizētais cieta no tik nopietnas slimības, ka nevarēja patstāvīgi pārvietoties. Sadzirdējis par Jēzu, kas atgrieza redzi aklajiem un spēku kroplajiem, kas dziedināja spitālīgos, izdzina dēmonus un dziedināja slimos, viņš no sirds gribēja satikt Viņu. Viņam bija laba sirds un tādēļ sadzirdējis labo vēsti un uzzinot, kur Jēzus atrodas, viņš tūdaļ pat nolēma satikties ar Kristu.

Kādu reizi paralizētais sadzirdēja, ka Jēzus atnācis uz Kapernaumu. Varat iedomāties, kāda tā bija priecīga vēsts priekš šī cilvēka? Viņš droši vien aicināja palīgā draugus, un šie draugi par laimi bija ar izcilu ticību un tūdaļ pat izpildīja paralizētā lūgumu. Jo viņi arī bija jau dzirdējuši par Jēzu, un tādēļ piekrita slimajam draugam palīdzēt.

Jo ja viņi būtu noignorējuši paralizētā lūgumu, ja būtu viņam jautājuši: „Vai tiešām tu tici tam, ko neesi redzējis savām acīm?"- viņi nesāktu pārvarēt visas grūtības, lai satiktos ar Kristu. Bet viņi, esot ar ticību, atnesa draugu nestuvēs un pat iedomājās nolaist viņu mājā caur atveri jumtā.

Nogājuši grūtu ceļu un ieraudzījuši milzīgo pūli, kas neļāva satikties ar Jēzu, viņi varēja atteikties no savas idejas. Viņiem droši vien nācās lūgties, prasīt, lai viņus palaistu garām pie Skolotāja. Bet ļaužu bija tik daudz, ka tos neviens pat neklausījās. Beidzot viņi nolēma uzrāpties uz tās mājas jumta, kurā atradās Jēzus, izplēsa caurumu un nolaida savu draugu iekšā, tieši pretim Kristum. Paralizētais saņēma iespēju atrasties tuvāk Viņam nekā jebkurš cits no tiem kas bija sapulcējušies. Šis stāsts runā uz mums par paralizētā un viņa draugu jūtu patiesumu.

Mums jāpievērš uzmanība tam faktam, ka paralizētajam un viņa draugiem satikšanās ar Kristu nebija vienkārša lieta. Viņi izgāja caur daudziem pārbaudījumiem, lai satiktos ar Viņu, tādēļ ka ticēja Viņam un tam ko Viņš mācīja. Vēl vairāk, pārvarot daudzās grūtības, no visiem spēkiem cenšoties nostāties Kristus priekšā, šie ļaudis parādīja izcilu uzdrošināšanās ticībā piemēru.

Kad pūlis ieraudzīja, kā viņi uzkāpa uz jumta un centās iekļūt mājas iekšienē, ne viens vien lamu vārds, droši vien tika viņiem veltīts. Maz kas varēja atgadīties! Un tomēr priekš tiem pieciem nebija nekādu šķēršļu. Pēc dziedinošās satikšanās ar Jēzu viņi bija gatavi atlīdzināt jebkurus mājai nodarītos zaudējumus.

Bet reti var ieraudzīt tādu pārdrošību ticībā, īpaši starp slimiem un viņu ģimenes locekļiem. Visdrīzāk viņi teiks: „Es esmu ļoti slims. Es gribu atnākt, bet nevaru." Vai: „Mans radinieks ir ļoti slims, viņu nevar pārvietot." Nožēlojami bēdīgi redzēt cilvēcisko vājumu, kad cilvēks savā grūtsirdībā gaida, kamēr ābols pats iekritīs viņam mutē. Tādiem ļaudīm ir maz ticības.

Ja apliecināsi ticību Dievam, tad pēc redzamā spriedīs par tavu ticību. Nav dots sajust Dieva providenci tiem, kam ticība ir tikai nedzīvas zināšanas. Tikai tie, kam ticība un darbi nav atdalāmi, ir ar dzīvu ticību, Dieva dotu un garīgu ticību. Tādēļ līdzīgi tam, kā paralizētais saņēma no Dieva dziedināšanu pēc ticības, mums jākļūst gudriem, jāparāda acīmredzamu, dzīvu ticību Viņam, jo tikai tad varēsim iegūt garīgu ticību un liecināt par Viņa brīnumiem.

Tavi grēki ir piedoti.

Paralizētajam, kas nokļuva Viņa priekšā, Jēzus teica: „Mans dēls, tavi grēki tev ir piedoti," – un tādā veidā atrisināja grēka problēmu. Jo neiespējami saņemt no Dieva atbildes, ja tevi no Viņa atdala grēka siena. Tādēļ arī vispirms Jēzus piedeva grēkus paralizētajam, kas nāca pie Viņa ticības vadīts.

Ja mēs atklāti apliecinām ticību Dievam, kā teikts Bībelē, mums jāstājas Viņa priekšā pienācīgā veidā. Sekojot baušļiem, Dieva pamācībām par to ko nedrīkst darīt, un kas jādara, grēcinieks kļūs par taisno, bet melis – godīgs un uzticams. Kad mēs pildām patiesības Vārdu, mūsu grēki tiek šķīstīti mūsu Kunga asinīm, un, kad mēs saņemam piedošanu, pār mums nāk piedošana un Dieva aizsardzība.

Tā kā katra slimība nāk no grēka, tad pēc grēka problēmas atrisināšanas, tiek radīts pamats, lai darbotos Dieva providence. Līdzīgi tam, kā iedegas lampiņa un darba galds sāk strādāt pēc tam, kad pa vadu pieplūst strāva, ieraudzījis mūsu ticības pamatu, Dievs piedod mums un sāk darīt brīnumus.

„Celies, ņem savu gultu un ej." Cik mierinoši šie vārdi! Redzējis paralizētā un viņa draugu ticību Jēzus atrisināja grēka problēmu, pēc tam tūlīt pat atgriezās spēja staigāt. Pie viņa no jauna atgriezās veselība. Tāpat arī mēs, ja vēlamies saņemt atbrīvošanu ne tikai no slimībām, bet vispārīgi no jebkādām problēmām, mums vispirms jāatceras, ka pirmkārt jāsaņem piedošana un mūsu siržu attīrīšana.

Kad ļaudīm maz ticības, viņi cenšas atrast patvērumu medicīnas zinātnē, bet ja viņi iegūst ticību un vēršas pie Dieva, sākot dzīvot pēc Viņa Vārda, un tad nekāda slimība neskars tos. Un pat ja gadās saslimt, tad tūlīt pat jāvērš savs skats pagātnē, jānožēlo padarītie grēki, jānovēršas no grēcīgiem ceļiem un tūdaļ pat saņems dziedināšanu. Es zinu, ka daudzi no jums caur to izgājuši.

Kādu laiku atpakaļ, vienam manas draudzes vecajam diagnosticēja bruku, un viņš pēkšņi zaudēja spēju paiet. Viņš tūlīt pat atskatījās uz savu dzīvi, nožēloja grēkus un saņēma manu aizlūgumu. Viņš nekavējoši sajuta Kunga dziedinošo pieskārienu un palika vesels.

Kad viena meitenīte cieta no drudža, viņas māte saprata, ka viņas skarbais raksturs bija meitas saslimšanas iemesls. Viņa to nožēloja un bērns tūlīt pat izveseļojās.

Lai izglābtu visu cilvēci, kas Ādama nepaklausības dēļ, nostājusies uz bojājas ceļa, Dievs sūtīja Jēzu Kristu uz šo pasauli, ļāva Viņam būt nolādētam un piesistam pie krusta mūsu vietā. Jo Bībele saka, ka „bez asiņu izliešanas, nav grēka piedošanas," (Ebrejiem 9:22), un ka „nolādēts ikviens, kas karājas pie koka," (Galatiešiem 3:13).

Tagad zinot, ka grēka problēma arī nāk no grēka, mums no

sirds jānožēlo grēki, jānotic Jēzum Kristum, kas atbrīvojis mūs no slimībām, un pēc šīs ticības jāvada veselīga dzīve. Daudzi brāļi šajos laikos piedzīvo dziedināšanas, apliecinot Dieva spēku, liecinot par Dzīvo Dievu. Tas mums parāda, ka katrs kas pieņem Jēzu Kristu un lūdz Viņa vārdā, gūst atbrīvošanu no slimības. Nav svarīgi, cik bīstama slimība, ja tici Jēzum Kristum, kas cietis un izlējis asinis, neticamas izārstēšanās kļūst iespējamas.

Ticība, ko apliecina ar darbiem.

Līdzīgi tam, kā paralizētais bija dziedināts pēc tam kā viņš un viņa draugi parādīja ticību Jēzum, ja mēs vēlamies, lai tas kas deg mūsu sirdīs piepildās, mums arī jāparāda Dievam ticība, kas iet roku rokā ar labiem darbiem. Lai lasītājs varētu labāk saprast vārda „ticība" jēgu, atļaušos pievest īsu piemēru.

Tiem, kas dzīvo Kristū „ticība" sastāv (un skaidrojas) no divām kategorijām. „Miesas ticība" jeb „zināšanu ticība" attiecas pie tās ticības, kura nāk no fiziskajiem pierādījumiem un no Vārda atbilstības zināšanām un prātam.

Pēc „miesas ticības" mēs ticam tam, ka kaut kas acīmredzams rodas no ne mazāk acīmredzamā. Pēc „garīgās ticības", kura nerodas no personīgām zināšanām un pieredzes, mēs ticam tam, ka kaut kas neredzams ir kā sekas kaut kam tāpat neredzamam. Pēdējais liek atteikties no spriedumiem, ko dod iepriekšējā pieredze un zināšanas.

No dzimšanas brīža mūsu apziņā uzkrājas milzīgs apjoms zināšanu. Atmiņa glabā to, ko mēs esam redzējuši vai dzirdējuši, mājās vai skolā, dažādās situācijās un apstākļos. Bet tā kā ne visas zināšanas ir patiesas, no visa kas neatbilst Dieva Vārdam, jāatsakās. Piemēram, skolā mūs māca, ka viss dzīvais uz zemes attīstījies no viena daudzšūnu organisma, bet Bībele saka, ka visas dzīvās radības bija Dieva radītas. Kā būt? Pat zinātne jau vairs nepieņem evolūcijas teoriju bez iebildumiem. Kā iespējams, pat pēc cilvēka prāta mēriem, ka pērtiķis kļuva par cilvēku, bet vardei, lai arī pa simts miljoniem gadu, izauga spārni? Pati loģika runā par labu radīšanai.

Tāpat arī pie „miesas ticības" transformācijas „garīgajā ticībā", mūsu šaubas aiziet otrajā plānā un kļūsiet stipri ticībā. Bez tam, ja apliecināt ticību Dievam, tad jums Vārds jāpārveido darbos. Ja apliecināt ticību Dievam, jums jābūt gaismai tumsā, jāsvēta Kunga Diena, jāmīl tuvākais, jāpilda patiesības Vārda pavēles. Ja paralizētais no stāsta Marka evaņģēlija, 2. nodaļas paliktu mājās, tad nesaņemtu dziedināšanu. Bet viņš ticēja, ka viņam tikai jānokļūst pie Kristus, un tūdaļ pat paliks vesels. Tādēļ viņš veltīja tam visus spēkus, visas iespējas, parādot savu izcilo ticību, tā rezultātā arī viņš tika dziedināts. Pat ja simtiem reižu skaitīsi lūgšanu par mājas uzcelšanu, tā pati neuzcelsies. Priekš tā ir jāpastrādā, jārada pamats, jārada pārsegums u.t.t., īsāk sakot, vajadzīgi „darbi".

Ja jūs vai kāds jūsu ģimenē cieš no slimības, ticiet Dieva piedošanai un nodomam dziedināt, parādiet Dieva mīlestību citam pret citu, kas arī tiks Viņa veidots, kā mūsu ticības pamats. Kādi saka, ka priekš dziedināšanas, kā arī priekš visa uz pasaules, kādreiz pienāks savs laiks. Atcerieties, tomēr, ka šis laiks pienāks ne ātrāk, kā būs ielikts pienācīgs ticības pamats Dieva acu priekšā.

Lai jūs iegūstat atbildes uz lūgšanām par dziedināšanu un par visu, lai ko jūs arī neprasītu, dodat godu Dievam, par to es lūdzos mūsu Kunga vārdā!

5. nodaļa

Spēks dziedināt sērgas

Mateja 10:1

,,Un pieaicinājis Savus divpadsmit mācekļus, Viņš tiem deva varu pār nešķīstiem gariem tos izdzīt un dziedināt visas sērgas un slimības,"

Spēks dziedināt slimības un sērgas.

Ir daudz veidu kā pierādīt neticīgajiem, ka Dzīvais Dievs eksistē. Slimības dziedināšana – viena no tādām metodēm. Kad cilvēks cieš no nedziedināmas un nāvējošas slimības pret kuru medicīnas zinātne ir bezspēcīga, un saņem dziedināšanu, viņš jau vairs nevar noliegt Dieva Radītāja spēku, nāk pie ticības šim spēkam un dod Viņam slavu.

Neskatoties uz bagātību, varu, popularitāti vai zināšanām, daudz ļaužu šodien nav spējīgi atrisināt slimības problēmu un turpina ciest. Daudzas slimības nepadodas ārstēšanai pat ar visvairāk pētītajām medicīnas zinātnes formām. Bet, kad cilvēks tic Dieva Visvarenībai, paļaujas uz Viņu, nodod Viņam slimības problēmu, visas neārstējamās un nāvi nesošās slimības var tikt izārstētas. Mūsu Dievs – visvarens Dievs, priekš Viņa nav nekā neiespējama. Viņš var radīt kaut ko no nekā, likt sausai nūjai izdot pumpurus un uzziedēt (4. Mozus 17:8), atdzīvināt mirušo (Jāņa 11:17-44).

Mūsu Dieva spēks patiešām var izārstēt no jebkuras slimības. Mateja 4:23, lasām: „Un Jēzus staigāja pa visu Galileju, mācīdams viņu sinagogās un sludinādams Valstības evaņģēliju un dziedinādams visus slimos un sērgas tautās." Un Mateja 8:17: „Viņš uzņēma mūsu kaites un nesa mūsu sērgas." Šajos fragmentos divas reizes sastopami vārdi „slimība" un „sērgas."

Vārds „sērgas" šeit nav domāts attiecībā uz vieglām saslimšanām, tādām, kā saaukstēšanās un nespēks no noguruma. Šeit tiek domātas anomālas novirzes ar ķermeņa funkciju traucējumiem, kad atsevišķas ķermeņa daļas vai orgāni paralizēti vai degradējušies nelaimes gadījuma rezultātā, vecāku vai paša slimā kļūdas dēļ. Piemēram, mēmums, aklums, kurlums vai sakropļojumi, bērnu paralīze (poliomielīts) un citas – kuras nepadodas ārstēšanai ar cilvēciskajām zināšanām – var tikt klasificētas kā „sērgas".

Tātad iemesls dažām vainām var būt nelaimes gadījums, vecāku kļūda vai paša cietušā kļūdīšanās. Bet gadās, ka cilvēks cieš no fiziskas nepilnības, kā gadījumā ar aklu piedzimušo Jāņa 9:1-3, lai tiktu dota slava Dievam. Tomēr, tādi gadījumi ir reti, jo vairums cieš personīgas vieglprātības vai cilvēcisku kļūdu iemesla dēļ.

Kad cilvēks nožēlo grēkus un pieņem Jēzu Kristu, vēloties ticību Dievam, Viņš dod meklējošajam dāvanā Svēto Garu.

Pieņemot Svēto Garu, cilvēks iegūst tiesības kļūt par Dieva bērnu. Kad Svētais Gars ir ar cilvēku, vairums slimību tiek dziedinātas, izņemot tikai pašus smagākos un nopietnākos gadījumus. Pats fakts, ka cilvēks pieņēmis Svēto Garu, jau ļauj Svētā Gara ugunij nonākt uz cilvēku, izdedzināt un pilnībā likvidēt cilvēka rētas. Vēl vairāk, ja cietušais atrodas pat kritiskā stāvoklī, bet no sirds ticībā lūdzas, sagrauj grēka sienu starp sevi un Dievu, novēršas no grēcīgiem ceļiem, nožēlo grēkus, tad – saņems dziedināšanu ticībā.

Vārdu „Svētā Gara Uguns” izpratne attiecas uz uguns kristību, kas ir pēc tam, kad cilvēks pieņem Svēto Garu, un Dieva acīs – Viņa spēku. Kad Jāņa Kristītāja garīgās acis bija atvērtas un viņš ieguva spēju ar tām redzēt, viņš aprakstīja Svētā Gara uguni, kā „kristību ar uguni.” Mateja 3:11, Jānis Kristītājs saka: „Es jūs gan kristīju ar ūdeni uz atgriešanos no grēkiem, bet Tas kas nāks pēc manis, ir spēcīgāks par mani: Tam es neesmu cienīgs kurpes nest, Viņš jūs kristīs ar Svēto Garu un ar uguni.”

Kristības ar uguni notiek ne jebkurā laikā, bet tikai, kad to saņēmušais piepildās ar Svēto Garu. Tā kā Svētā Gara uguns vienmēr nonāk tikai uz piepildīto ar Svēto Garu, visi viņa grēki un slimības tiek izdziedinātas un viņš iegūst veselību. Kad uguns kristības izdedzina slimības lāstu, vairums slimību tiek izārstētas, fiziskie miesas sakropļojumi nevar tikt izdziedināti pat ar uguns kristību. Kā gan var tikt izdziedināti fiziskie defekti?

Visi fiziskie defekti var tikt dziedināti tikai ar Dieva dotu spēku. Tādēļ mēs atrodam Jāņa 9:32-33 sekojošo: „Nemūžam vēl nav dzirdēts, ka kāds būtu atvēris acis cilvēkam, kas neredzīgs piedzimis."

Apustuļu darbos 3:1-10 ir notikums, kad Pēteris un Jānis, abi saņēmuši Dieva spēku, palīdz piecelties kājās tizlajam no dzimšanas, kurš lūdza žēlastības dāvanas pie Krāšņajiem tempļa vārtiem. Kad Pēteris (6 pants) teica: „Sudraba un zelta man nav; bet, kas mani ir, to es tev došu: Nācarieša Jēzus Kristus Vārdā – staigā!" piecēla viņu aiz labās rokas, un viņa pēdas un skrimšļi nekavējoši nostiprinājās un viņš sāka slavēt Dievu. Kad tauta redzēja to, kas pirms tam bija tizls, staigājam un slavējam Dievu, visus pārņēma izbīlis un tie brīnījās.

Ja kāds grib saņemt dziedināšanu, viņam jābūt ar ticību, ar kuru viņš tic Jēzum Kristum. Tas klibais iespējams arī bija tikai ubags, bet kad par viņu palūdzās spēku no Dieva saņēmušie, viņš varēja saņemt dziedināšanu tādēļ, ka ticēja Jēzum Kristum. Tādēļ

Raksti mums saka: „Un tāpēc, ka šis, ko jūs redzat un pazīstat, ir ticējis Viņa Vārdam, Viņa Vārds to ir dziedinājis, un ticība, kas ar To nāk, tam devusi veselību jūsu visu priekšā," (Apustuļu darbi 3:16).

Mateja 10:1 mēs lasām, ka Jēzus deva Saviem mācekļiem varu pār nešķīstiem gariem, lai tos izdzītu un ārstētu jebkuru slimību un katru vainu. Vecās Derības laikos Dievs deva varu dziedināt vainas Saviem iemīlētajiem praviešiem, ieskaitot Mozu, Eliju, Elīsu. Jaunās Derības laikos Dieva spēks bija ar tādiem apustuļiem kā Pēteris un Pāvils un uzticamajiem darbiniekiem Stefanu un Filipu.

Kā tikai kāds saņem Dieva spēku – nav nekā neiespējama, tādēļ ka viņš var palīdzēt piecelties tizlajam, dziedināt cietušos no bērnu paralīzes un dot viņiem iespēju staigāt, aklajam dot redzi, atgriezt dzirdi kurlajam un atvērt muti mēmajam.

Dažādi vainu dziedināšanas ceļi.

1. Dieva spēks dziedināja kurlo un mēmo.

Marka Evaņģēlijā 7:31-37 ir notikums, kurā Dieva spēks dziedina kurlo un mēmo. Kurlmēmo atveda pie Jēzus un lūdza Viņam uzlikt uz viņa roku. Jēzus noveda viņu malā un ielika Savus pirkstus viņa ausīs. Pēc tam Viņš spļāva un pieskārās viņa mēlei. Viņš paskatījās uz debesīm, nopūtās un tam teica: „efata" (tas ir atveries) „Un viņa ausis atvērās, un tūdaļ atraisījās viņa mēles saite, un viņš pareizi runāja."

Vai gan Dievs, kas radījis ar Savu Vārdu visu visumā, nevarēja izdziedināt šo cilvēku tāpat ar Savu Vārdu? Kāpēc Jēzus ielika pirkstus kurlajam ausīs? Tā kā kurlie nedzird skaņas un kontaktējas ar zīmju palīdzību, šis kurlais nevarētu iegūt ticību, ja Jēzus runātu ar viņu, tāpat kā ar citiem. Tā kā Jēzus zināja, ka ticības šim cilvēkam nav, tad arī ielika savus pirkstus viņam ausīs, lai caur pieskārienu tas varētu iegūt ticību, ar kuru varētu tikt dziedināts. Pats svarīgākais dziedināšanas elements – ticība, ar kuru cilvēks tic, lai būtu spējīgs saņemt dziedināšanu. Jēzus varēja izdziedināt cilvēku ar Savu Vārdu, bet tā kā kurlais nevarēja dzirdēt, Jēzus iedēstīja ticību un ļāva tam cilvēkam saņemt dziedināšanu izmantojot šo metodi.

Kādēļ Jēzus spļāva un pieskārās viņa mēlei? Tas fakts, ka Jēzus spļāva, saka mums to, ka mēmuma iemesls bija nešķīstais gars. Ja kāds bez redzama iemesla iespļaus jums sejā, kā jūs to uzņemsiet? Tas ir apkaunojums, rīcība, kas izrāda cilvēkam pilnīgu necieņu. Tā kā spļāviens visumā simbolizē kāda necieņu un pazemojumu, Jēzus spļāva izdzenot nešķīsto garu.

1. Mozus grāmatā atrodam vietu, kur Dievs nolād

čūsku, sakot, ka tā ēdīs pīšļus visas savas dzīves dienas. Citiem vārdiem, tas ir Dieva lāsts pār ienaidnieku velnu un sātanu, kurš mudināja čūsku pievilt cilvēku, kas radīts no pīšļiem. Tādēļ, no Ādama laikiem, ienaidnieks velns tiecas iegūt cilvēku īpašumā, to mokot un plosot pie jebkuras izdevības. Kā mušas, odi, kāpuri mājo netīrās vietās, tā arī ienaidnieks velns mājo ļaudīs, kuru sirdis piepildītas ar grēku, negodīgo, ļaunu raksturu un ņem gūstā to prātu. Mums jāsaprot, ka tikai tie, kas dzīvo un rīkojas pēc Dieva Vārda var tikt dziedināti no slimībām.

2. Dieva spēks dziedina aklo.

Marka 8:22-25, atrodam sekojošo:

„Un viņi nāk uz Betsaidu. Tad tie Viņam pieved kādu neredzīgu un Viņam lūdz, lai Viņš to aizskar. Un Viņš neredzīgo pie rokas ņēmis, to izveda ārā no ciema un spļāva viņa acīs, uzlika tām rokas un tam jautāja: „Vai tu redzi?" Un acis pacēlis, tas sacīja: „Es redzu cilvēkus, kokiem līdzīgus, staigājam." Tad Viņš atkal uzlika rokas uz viņa acīm, un tas ieraudzīja gaismu un tapa atkal vesels un redzēja visu pilnīgi skaidri."

Kad Jēzus lūdzās par aklo, Viņš spļāva viņam acīs. Kāpēc aklais sāka redzēt ne uzreiz pēc pirmās Jēzus lūgšanas, bet tikai pēc otrās Viņa lūgšanas? Ar savu spēku Jēzus varēja pilnībā dziedināt cilvēku, bet tā kā šī cilvēka ticība bija maza, Jēzus palūdzās otru reizi un palīdzēja viņam iegūt ticību. Tā Jēzus mūs māca, ka kādreiz par to, kas nespēj saņemt dziedināšanu pie pirmās aizlūgšanas saņemšanas, nepieciešams lūgties divas, trīs un pat četras reizes, kamēr cilvēkā pieaug ticības sēkla, ar kuras starpniecību viņš varēs noticēt dziedināšanas iespējamībai.

Priekš Jēzus nebija nekā neiespējama. Viņš palūdzās, un vēl reizi lūdzās, zinot, ka aklais pēc savas ticības nevar tikt dziedināts. Ko tad mums darīt? Turpināt lūgšanas un lūgties, līdz tam laikam, kamēr nesaņemsim dziedināšanu.

Jāņa 9:6-9 cilvēks, kas bija akls piedzimis, izārstējās ar ziedi no siekalām, kuru Jēzus izgatavoja no zemes un siekalām un šo maisījumu uzlika viņam uz acīm? Siekalas šeit neattiecās ne uz ko netīru; Jēzus spļāva zemē, lai izgatavotu no zemes putriņu un uzliktu to slimajam cilvēkam uz acīm. Viņš tā darīja tādēļ, ka pie rokas nebija ūdens. Kad bērns saskrāpējas vai viņam iekož kaitēklis, vecāki bieži sasmērē ar savām siekalām savainoto vietu, darot to laipni un ar rūpēm. Mums jāsasniedz mūsu Kunga mīlestība, kurš izmantoja dažādus veidus priekš tā, lai palīdzētu vājajiem iegūt ticību.

Kad Jēzus uzlika maisījumu uz aklā acīm, tas sajuta šo pieskārienu un ieguva ticību, kas viņu dziedināja. Pēc tam, kā Jēzus deva ticību aklajam, tādēļ ka viņa ticība bija pārāk vāja, Viņš atvēra tā acis ar Savu spēku.

Jēzus mums saka: „Jūs neticēsit, ja neredzēsiet zīmes un brīnumus," (Jāņa 4:48). Arī šodien neiespējami palīdzēt ļaudīm iegūt ticību Dieva Vārdam, jo tiek prasītas zīmes un brīnumi. Laikos, kad zinātnes progress, varētu šķist, sasniedzis neredzētus augstumus, cilvēkam īpaši grūti iegūt garīgu ticību, ticību acīm nesaskatāmam Dievam. „Ieraudzīju un noticēju" – katrs no mums ne vienu vien reizi dzirdējis šos vārdus. Tādēļ dziedināšanas, „brīnumainas zīmes", arī nepieciešamas, jo tās nostiprina ļaužu ticību, liecina par Dzīvā Dieva darbiem.

3. Dieva spēks dziedināja kroplo.

Kad Jēzus sludināja Labo Vēsti un dziedināja ļaudis, Viņa apustuļi tāpat parādīja Dieva spēka brīnumus.

Vajadzēja Pēterim pateikt kroplam ubagam: „Nācarieša Jēzus Kristus Vārdā – staigā!" – un paņemt viņu aiz labās rokas, viņa kājas uzreiz nostiprinājās, un viņš sāka staigāt (Apustuļu darbi 3:6-10). Ieraudzījuši brīnumainās zīmes, ko parādīja Pēteris, kad uz viņa nonāca Dieva spēks, daudz ļaužu sāka ticēt. Viņi izveda savus slimos uz ielas, lai kaut Pētera ēna tiem pieskartos un dāvātu dziedināšanu. Cietēju pūļi bija sapulcējušies Jeruzalemes apkārtnē, kur atveda savus slimos un nešķīsto garu apsēstos un katrs tika dziedināts (Apustuļu darbi 5:14-16).

Apustuļu darbos 8:5-8, teikts: „Filips, aizgājis kādā Samarijas pilsētā, sludināja tiem Kristu. Ļaudis pulkiem uzmanīgi un vienprātīgi uzklausīja Filipa vārdus un skatīja zīmes, ko viņš darīja. Jo no daudziem, kam bija nešķīsti gari, tie izgāja, stiprā balsī brēkdami; un daudz paralītiķu un tizlu tika dziedināti; un liela līksmība valdīja tanī pilsētā," (Apustuļu darbi 8:5-8).

Apustuļu darbos 14:8-12 stāstīts par tizlo, kurš no bērnības nevarēja staigāt. Sadzirdējis Pāvila sludināšanu viņš saņēma ticības un glābšanas dāvanu, un kad Pāvils viņam pavēlēja „celties un staigāt," viņš tūlīt pat pielēca kājās un sāka staigāt. Šī brīnumainā notikuma liecinieki sāka apgalvot, ka „dievi nonākuši pie mums cilvēka izskatā."

Apustuļu darbos 19:11-12, teikts: „Dievs darīja neparastus brīnumus ar Pāvila rokām, tā ka pat sviedru autus un priekšautus no viņa miesas uzlika neveseliem, un slimības tos atstāja, un ļaunie gari no tiem izgāja." Cik apbrīnojams un brīnumains Dieva spēks!

Caur ļaužu sirdīm, kas sasnieguši mīlestības un svētuma

pilnību līdzīgi Pēterim, Pāvilam, diakoniem Filipam un Stefanam, Dieva spēks atklāj sevi arī līdz šai dienai. Kad ļaudis nostājas Dieva priekšā ar ticību, vēloties tikt dziedināti no slimībām, viņi var tikt dziedināti ar lūgšanu Dievam pēc palīdzības, ko saka Dieva kalpi, caur kuriem Viņš arī veic savus nodomus.

No Manmin draudzes dibināšanas momenta, Dzīvais Dievs ļāva man parādīt visas iespējamās zīmes un brīnumus, stiprinot draudzes locekļus ticībā un radot lielu atmodu.

Kādu reizi pie manis atnāca sieviete, kura cieta no sava vīra – nelietīga alkoholiķa sitieniem. Viņai bija traumēts redzes nervs, un ārsti neko nevarēja palīdzēt, lai viņai redzi atgrieztu,. Sieviete atnāca uz Manmin draudzi, kad par to uzzināja. Viņa centīgi piedalījās sapulcēs, no sirds lūdzās par atveseļošanos. Saņēmusi manu aizlūgumu, viņa palika vesela un redze atgriezās. Dieva spēks pilnībā atgrieza viņai spēju redzēt, spēju, kura šķita zaudēta uz visiem laikiem.

Kādu reizi uz baznīcu atveda vīrieti, kurš cieta no sarežģīta mugurkaula lūzuma. Viņa apakšējā ķermeņa daļa bija paralizēta un viņam draudēja kāju amputācija. Pieņemot Jēzu Kristu, viņam jau vairs nebija vajadzības pēc amputācijas un viņš varēja pārvietoties uz kruķiem. Pēc tam viņš sāka apmeklēt Manmin draudzi, un drīzumā pēc piektdienas vakara sapulces, saņēmis manu aizlūgumu, šis cilvēks pilnībā izveseļojās. Tagad viņš staigā bez kruķiem un liecina par Kungu.

Dieva spēks var pilnībā dziedināt vainas, kas nepadodas medicīnas zinātnei. Jāņa 16:23, Jēzus dod apsolījumu: „Tanī dienā jūs Mani vairs nejautāsiet. Patiesi, patiesi Es jums saku: ja jūs Tēvam ko lūgsiet, Viņš jums to dos Manā Vārdā." Noticiet brīnumainam Dieva spēkam, un no visas sirds to meklējiet, saņemiet atbildes uz visām lūgšanām par dziedināšanu, un kļūstiet par Dzīvā Dieva Labās Vēsts vēstnešiem, par to lūdzos mūsu Kunga Vārdā.

6. nodaļa

— ⌘ ⌘ —

Nešķīsto garu apsēsto dziedināšana

Marka 9:28-29

,,Un kad Viņš namā bija iegājis, Viņa mācekļi Tam savrup jautāja: ,,Kāpēc mēs nespējām to izdarīt?'' Un Viņš tiem sacīja: ,,Šī suga citādi nevar iziet kā vien ar Dieva lūgšanu un gavēšanu,''

Pēdējās dienās mīlestība atdzisīs.

Mūsdienu zinātnes un tehnikas progresa sasniegumi atnesuši cilvēcei materiālu labklājību un ļāvuši ļaudīm sasniegt arvien lielākas ērtības un izdevības. Bet tajā pat laikā šie divi faktori pieveduši pie atsvešināšanās, pāri malām plūstoša egoisma, laulības pārkāpšanas, nepilnvērtības kompleksiem starp cilvēkiem. Mīlestības paliek mazāk, bet sapratni, piedošanu grūti atrast. Kā teikts Mateja 24:12, „Un tāpēc ka netaisnība ies vairumā, mīlestība daudzos izdzisīs." Laikā, kad uzplaukst negodīgums, kad mīlestība atdziest, viena no nopietnākajām sabiedrības problēmām šodien kļūst to cilvēku skaita pieaugums, kas cieš no psihiskiem traucējumiem, tādiem kā nervu darbības traucējumi un šizofrēnija.

Psihiatriskās ārstniecības iestādes izolē pacientus, kuri nav spējīgi vadīt normālu dzīvi, bet psihiatriskajām slimībām atbilstoši ārstniecības līdzekļi pagaidām nav atrasti. Ja gadiem ilga ārstēšana nedod rezultātus, ģimenes zaudē pacietību. Daudzos gadījumos ignorē un atsakās no tādiem pacientiem kā bāreņi. Pacienti, kas atrauti no ģimenes, vai kuriem nav radinieku, nav spējīgi funkcionēt tā, kā to dara normāli ļaudis. Un kaut arī viņiem vajadzīga patiesa tuvinieku mīlestība, nav daudz to, kas parāda savu mīlestību pret tādiem ļaudīm.

Bībelē mēs atrodam daudz piemērus, kad Jēzus dziedināja cilvēkus, kas bija nešķīstu garu saistīti. Kāpēc Raksti piemin šos gadījumus? Tuvojoties laiku beigām, mīlestība atdziest un sātans moka cilvēkus, piespiež tos ciest no garīgiem traucējumiem un padara viņus par velna bērniem. Sātans moka, piespiež slimot, maldina, ar grēku un ļaunumu piepilda cilvēka prātu. Tā kā sabiedrība piesātināta ar grēku un negodīgumu, ļaudis kļuvuši ātri uz skaudību, strīdiem, ienaidu, cilvēku slepkavošanu. Līdz ar pēdējo dienu tuvošanos kristiešiem jābūt spējīgiem atšķirt patiesību no nepatiesības, sargāt ticību un dzīvot fiziski un garīgi veselīgu dzīvi.

Izskatīsim, kas ir sātanisko kūdīšanu un mocību iemesls un, kas iespaido sātana un dēmonu apsēsto skaita pieaugumu, un arī cietušo no psihiatriskām novirzēm vairošanos mūsdienu sabiedrībā, kas sasniegusi ievērojamu zinātnes progresu.

Kā notiek sātana apsēstība.

Katram ir sirdsapziņa un vairums ļaužu dzīvo pēc sirdsapziņas, bet sirdsapziņas standarts katram ir savs un no tā izrietošie rezultāti, attiecīgi ir dažādi. Tas notiek tādēļ, ka visi piedzimuši un tikuši audzināti dažādā vidē un apstākļos. Katrs redzējis, dzirdējis un mācījies kaut ko citu no vecākiem, mājās, skolā un nofiksējis atšķirīgu informāciju.

Dieva Vārds, kas ir patiesība, saka: „Ļaunums lai tevi neuzvar, bet pats uzvari ļaunu ar labu," (Romiešiem 12:21), un vienlaicīgi pārliecina mūs „Bet Es jums saku: jums nebūs pretim stāvēt ļaunajam, bet, kas tev sit labajā vaigā, tam pagriez arī otru," (Mateja 5:39). Tā kā Vārds māca mīlestību un piedošanu, sprieduma norma „zaudēt, nozīmē uzvarēt" izstrādājas tiem, kas tam tic. No citas puses, ja cilvēks iemācījies, kad viņam iesit, atbildēt ar to pašu, viņš nonāks pie sprieduma, kas iesaka, ka pretošanās – drosmīga rīcība, bet atkāpšanās bez pretošanās – gļēvums. Trīs faktori – katra individuālais spriešanas standarts, taisnība vai netaisnība dzīvē, pakāpe kompromisā ar pasauli – formē dažādos cilvēkos atšķirīgu sirdsapziņu.

Tā kā ļaudis dzīvo savu dzīvi dažādi un viņu sirdsapziņa, attiecīgi arī atšķirīga, Dieva ienaidnieks ,sātans to izmanto, lai sajauktu domas un kūdītu uz grēku, ievestu ļaudis kārdināšanā dzīvot atbilstoši grēcīgai dabai, kas pretēja patiesībai un labajam.

Cilvēka sirdī klātesošs konflikts starp vēlmi pēc Svētā Gara vadības uz dzīvi pēc Dieva likumiem un starp grēcīgās dabas vēlmēm, kuras piespiež dzīties pēc miesas kārībām. Tādēļ Vēstulē Galatiešiem 5:16-17, Dievs pamāca: „Bet Es saku: staigājiet Garā, tad jūs miesas kārības savaldīsiet. Jo miesas tieksmes ir pret Garu, bet Gara tieksmes ir pret miesu, jo šie divi viens otram stāv pretī, ka jūs nedarāt to, ko gribat."

Ja dzīvosim pēc Svētā Gara vēlmēm, tad mantosim Dieva Valstību, ja tomēr nedzīvosim pēc Dieva Vārda, bet sekosim savas grēcīgās dabas vēlmēm, tad Viņa valstību nemantosim. Tādēļ Dievs mūs brīdinājis, kā rakstīts Vēstulē Galatiešiem 5:19-21:

„Bet zināmi ir miesas darbi: tie ir netiklība, nešķīstība, izlaidība, elku kalpība, buršana, ienaids, strīdi, nenovīdība, dusmas, ķildas, šķelšanās, ķecerība, skaudība, dzeršana, dzīrošana un tamlīdzīgas lietas, par kurām es iepriekš saku, kā jau esmu senāk sacījis: tie, kas tādas lietas dara, nemantos Dieva valstību."

Tad kā tad cilvēks kļūst par dēmonu apsēstu?

Sātans ierosina to cilvēku grēcīgās dabas iekāres, kuru sirdis piepildītas ar grēcīgu būtību, caur domām. Ja cilvēks nav spējīgs kontrolēt savu prātu un dara darbus, ko diktē grēcīgā daba, vainas sajūta ienāk viņa sirdī un tā kļūst arvien vairāk un vairāk samaitātāka. Kad grēcīgās dabas darbi sakrājas, beigu beigās cilvēks zaudē spēju sevi kontrolēt un tā vietā dara to, uz ko viņu kūda sātans. Par tādu saka, ka viņš ir sātana „apsēsts."

Piemēram, iedomāsimies, ir kāds sliņķis, kurš nemīl strādāt, bet labprāt iedzer un līksmi pavada laiku. Tādu cilvēku sātans provocē un kontrolē viņa prātu, lai viņš iestigtu dzeršanā un bezjēdzīgā laika pavadīšanā un darbs, lai viņam kļūtu par apgrūtinājumu. Sātans tāpat aizvedīs viņu no dievbijības, tas ir patiesības, nozags spēkus sakārtot dzīvi un pārvērtīs viņu nekompetentā un nederīgā cilvēkā. Tā kā cilvēks dzīvo un vada sevi pēc sātana gribas, viņš nav spējīgs atbrīvoties no sātana.

Un arī, tā kā viņa sirds paliek arvien negodīgāka un viņš jau vairs nepretojas ļaunumam, tā vietā, lai savu sirdi kontrolētu, viņš dara kā tam patīk. Ja gribēs sadusmoties, dusmosies, lai saņemtu apmierinājumu; sagribēs sakauties vai nolamāties – kausies un lamāsies cik viņam sagribēsies; gribēs iedzert – būs nespējīgs atturēties no dzeršanas. Kad viss tas sakrājas, tad no noteikta momenta viņš jau nebūs spējīgs kontrolēt savas domas un sirdi un atklās, ka viss notiek pret viņa gribu. Kad process piepildās viņš kļūst dēmonu apsēsts.

Dēmonu apsēstības iemesls.

Eksistē divi iemesli, kuru dēļ cilvēks tiek pakļauts sātanam, bet pēc tam kļūst dēmonu apsēsts.

1. Vecāki.

Ja vecāki novērsušies no Dieva, pielūdza elkus, kurus Dievs ienīst, ir nelietīgi vai dara kādu neparastu ļaunumu, tad ļauno garu spēki iekļūst bērnos un ja nesastop pretošanos, bērni kļūs dēmonu apsēsti. Tādā gadījumā vecākiem jānāk Dieva priekšā, patiesi jānožēlo grēki, jānovēršas no saviem grēcīgiem ceļiem un jālūdz Dievs par saviem bērniem. Tad Dievs ieraudzīs vecāku siržu dziļumu un parādīs dziedināšanas darbu, atraisot netaisnības važas.

2. Pats dēmonu apsēstais.

Neatkarīgi no vecāku grēkiem, cilvēks var kļūt dēmonu apsēsts sava paša negodīguma dēļ, ieskaitot nekrietnumu, lepnību un visu pārējo. Tāds cilvēks nevar patstāvīgi lūgties un nožēlot grēkus, bet, kad par viņu lūdzas Dieva kalpi, kuri parāda Viņa spēku, netaisnības važas var tikt salauztas. Kad dēmoni no cilvēka izdzīti un cilvēks paliek jūtīgs, viņam jāmāca Dieva Vārds, lai viņa kādreiz grēkiem un netaisnībā notraipītā sirds, kļūtu par patiesības sirdi.

Tādēļ, ja ģimenē, vai starp radiem ir dēmonu apsēstais, ģimenei jānosaka, kas lūgsies cietušā vārdā. Tas nepieciešams tādēļ, ka apsēstā sirds un prāts ir dēmonu kontrolēts un viņš pats nav spējīgs kaut ko darīt pēc savas gribas. Viņš nevar ne lūgties, ne klausīties patiesības Vārdu, tādā veidā nevar arī dzīvot pēc patiesības. Tādēļ visai ģimenei, vai pat tikai vienam ģimenes loceklim, jālūdzas par viņu ar mīlestību un līdzcietību, lai apsēstais varētu dzīvot ticībā. Kad Dievs redzēs uzticīgo lūgšanu un mīlestību ģimenē, Viņš parādīs dziedināšanas darbu. Jēzus teica mums mīlēt savu tuvāko, kā pašam sevi (Lūkas 10:27). Ja tu nespēj lūgties un nostāties par paša ģimenes locekli, kas ir dēmonu apsēsts, kā gan tu teiksi, ka mīli savu tuvāko?

Kad ģimene un dēmonu apsēstā draugi pieņem lēmumu, nožēlo grēkus, lūdzot ar ticību Dieva spēkam, iestājas lūgšanā ar mīlestību, sēj ticības sēklu, tad dēmonu spēki būs izdzīti un tas, kuru viņi tā mīl, pārvērtīsies par patiesības vīru, kuru Dievs pasargās un norobežos no dēmoniem.

Veidi kā dziedināt dēmonu apsēstos.

Daudzās Bībeles vietās sastopami stāsti par dēmonu apsēsto dziedināšanu. Apskatīsim, kā viņi saņēma dziedināšanu.

1. Stāties pretī dēmoniskiem spēkiem.

Marka 5:1-20 mēs atrodam stāstu par cilvēku, kurā bija nešķīsti gari. 3 – 4 pantā tiek skaidrots: „Tam bija sava mītne kapos un to neviens nevarēja ne ķēdēm saistīt. Jo tas pinekļiem un ķēdēm daudzkārt bija saistīts; bet viņš salauza ķēdes un sarāva pinekļus, un neviens to nespēja savaldīt." No Marka 5:5-7 uzzinām, ka „Un tas bija vienmēr naktīm un dienām kapos un kalnos, brēca un sita sevi ar akmeņiem. Bet, Jēzu no tālienes ieraudzījis; tas skrēja un metās Viņa priekšā zemē un brēca ar stipru balsi un sacīja: „Kas man ar Tevi Jēzu, Tu Dieva, Visaugstākā Dēls? No Dieva puses lūdzu nemoki mani."

Tāda bija atbilde uz Jēzus pavēli: „Izej, tu nešķīstais gars!" Notikums parāda, ka ļaudis vēl nezināja, ka Jēzus – Dieva Dēls, bet lūk, nešķīstais gars skaidri zināja, kas ir Jēzus un ar kādu spēku Viņš apveltīts. Jēzus viņam jautāja: „Kāds tavs vārds?" Un dēmonu apsēstais atbildēja „leģions man vārds, tādēļ ka mūsu ir daudz." Apsēstais atkal un atkal lūdzās Jēzu, lai Viņš neizsūtītu tos prom no valsts, bet pēc tam lūdza tos sūtīt cūkās. Jēzus prasīja vārdu ne tādēļ ka to nepazina, Viņš prasīja vārdu, kā tiesnesis pratinot nešķīsto garu. Bez tam „leģions" nozīmē, ka ļoti liels skaits dēmonu turēja šo cilvēku kā ķīlnieku.

Jēzus atļāva „leģionam" ieiet cūku barā, kuras metās no kraujas jūrā un noslīka. Kad mēs izdzenam dēmonus, mums tas jādara ar patiesības Vārdu, kuru dotajā gadījumā simbolizē ūdens. Kad ļaudis ieraudzīja, ka tas, ko ar cilvēku spēkiem neviens savaldīt nespēja, pilnībā vesels, sēž un ir apģērbts, un ar skaidru saprašanu, viņi izbijās.

Kā tad izdzīt dēmonus šodien? Tie jāizdzen Jēzus Kristus vārdā ūdenī, kas simbolizē Vārdu, vai ugunī, kas simbolizē Svēto Garu, lai tie zaudētu savu spēku. Tomēr, tā kā dēmoni – garīgas būtnes – viņus var izdzīt, kad lūdzas tas, kam ir spēks izdzīt dēmonus. Kad cilvēks, kam nav ticības mēģina tos izdzīt, dēmoni savukārt pazemos un paņirgāsies par viņu. Tādā veidā, lai dziedinātu dēmonu apsēsto, Dieva cilvēkam, kam ir spēks tos izdzīt, jālūdzas par apsēsto.

Taču, reizēm dēmoni nepaklausa pat tad, kad Dieva cilvēks tos izdzen Jēzus Kristus vārdā. Tas notiek, ja dēmonu apsēstais ir zaimojis Dievu vai zaimojis Svēto Garu (Mateja 12:31, Lūkas 12:10).

Dziedināšana nevar tikt dota tiem dēmonu apsēstajiem, kas ar nodomu turpina grēkot pēc tam, kad pieņēmuši patiesības mācību (Ebrejiem10:26).

Vēl vairāk, Vēstulē Ebrejiem 6:4-6 lasām: „Jo ir neiespējami tos, kas reiz apgaismoti un baudījuši Dieva dāvanas, un kļuvuši Svētā Gara dalībnieki un baudījuši labo Dieva vārdu un nākamā laika spēkus un krituši, atkal vest pie atgriešanās, jo tie sev Dieva Dēlu sit krustā un liek smieklā."

Tagad, to zinot, mums jāsargā sevi tā, lai nekad nedarītu grēkus, par kuriem nevarētu saņemt piedošanu. Tāpat jāatšķir patiesībā, vai var tikt dziedināts ar lūgšanu dēmonu apsēstais, vai nē.

2. Bruņojaties ar patiesību.

Tikko kā dēmons izdzīts no cilvēka, viņa sirdij jātop piepildītai ar dzīvību un patiesību. Tas nāk caur centīgu Dieva Vārda lasīšanu, slavēšanu un lūgšanu. Pat ja dēmoni izdzīti, bet cilvēks turpina dzīvot grēkā un neapbruņojas ar patiesību, izdzītie dēmoni atgriezīsies un atvedīs sev līdz citus, vēl ļaunākus. Atceraties, ka šajā gadījumā cilvēka stāvoklis būs daudz sliktāks, nekā kad dēmons tajā iegāja pirmo reizi.

Mateja 12:43-45 Jēzus mums saka sekojošo:

„Bet kad nešķīstais gars no cilvēka ir izgājis, tad tas pārstaigā izkaltušas vietas, meklē dusu un to neatrod. Tad tas saka: es atgriezīšos savā namā, no kurienes es izgāju. Un, kad viņš nāk, tad viņš to atrod tukšu, izmēztu un uzpostu. Tad tas noiet un ņem līdz septiņus citus garus, kas ļaunāki par viņu, un viņi ieiet tur un dzīvo, un pēc tam ar tādu cilvēku top sliktāk, nekā pa priekšu bija. Tāpat arī notiks šai ļaunajai ciltij."

Paviršība pie dēmonu izdzīšanas nav pieļaujama. Vēl vairāk, apsēstā draugiem un ģimenei jāsaprot, ka pēc dēmonu izdzīšanas, cilvēkam vajadzīgs vēl vairāk mīlestības un rūpju. Par viņu upurējoties jārūpējas lūgšanās pastāvot un apbruņojot viņu ar patiesību līdz tam laikam, kamēr nebūs saņemta pilnīga dziedināšana.

Ticīgajam viss iespējams.

Marka 9:17-27 ir stāsts par to, kā Jēzus, ieraudzījis tēva

ticību, dziedināja dēlu, kurā bija kurlmēms gars un, kas cieta no epilepsijas. Īsi izskatīsim, kā dēls saņēma dziedināšanu.

1. Ģimenei jāparāda sava ticība.

Dēls, Marka 9, bija kurls un mēms no dēmonu saistības. Viņš nesaprata ne vārda un atrasties sabiedrībā ar viņu bija neiespējami. Jo nevarēja paredzēt, kur un kad sāksies epilepsijas lēkmes. Tādēļ, zaudējis katru cerību, bērna tēvs dzīvoja pastāvīgās bailēs un mokās.

Un lūk, tēvs dzirdēja par cilvēku no Galilejas, kas dara brīnumus atdzīvinot mirušos un dziedinot dažādas slimības. Cerības stars iemirdzējās tēva izmisuma tumsā. Ja tā ir patiesība, tad Galilietis varēs izdziedināt arī manu dēlu, noticēja tēvs. Cerot uz veiksmi, tēvs atveda savu dēlu pie Jēzus un Viņam teica: „Ja Tu ko spēj, apžēlojies par mums un palīdzi mums," (Marka 9:22).

Dzirdot tēva atklāto lūgumu, Jēzus atbildot uz vārdiem „ja ko vari" pārmeta tēvam par mazticību un teica: „Tu saki: ja tu spēj! Kaut tu varētu ticēt! Tas visu spēj, kas tic." Tēvs to dzirdēja, bet savā sirdī nenoticēja dzirdētajam. Ja tēvs būtu zinājis, ka Jēzus, būdams Dieva Dēls ir visuvarens un, ka Viņš ir pati Patiesība, tad neteiktu „ja". Lai mācītu mums, ka bez ticības Dievam patikt nav iespējams un ka bez pilnīgas ticības, ar kādu tikai var ticēt cilvēks, neiespējami saņemt Dieva atbildi, Jēzus arī pārmeta tēvam par mazo ticību.

Ticība pilnībā sadalās divos tipos: „Miesas ticība" vai „ticība, kā zināšanas" var ticēt tam, ko redz acs. Bet var ticēt neredzot, tā ir „garīga ticība", „patiesa ticība", „dzīva vai dzīvu daroša ticība", „ticība ko pavada darbi – darbīga ticība." Šis ticības tips var radīt kaut ko no nekā. Ticības noteikšana Bībelē ir tāda: „Jo ticība ir stipra paļaušanās uz to, kas cerams, pārliecība par neredzamām lietām," (Ebrejiem 11:1).

Tie kas cieš no slimībām, kas padodas cilvēciskai ārstēšanai, var saņemt dziedināšanu, kad Svētā Gara uguns izdedzina slimību. Tā notiek, kad cietēji parāda savu ticību un piepildās ar Svēto Garu. Ja tāds, kas tikko sācis ticības dzīvi saslimst, viņš var tikt dziedināts, ja atver savu sirdi, klausās Vārdu un parāda savu ticību. Ja nobriedis kristietis, kam ir ticība, saslimst, tad var tikt dziedināts, labojot savas kļūdas caur grēku nožēlu.

Tiem, kas cieš no slimībām, kuras ir neārstējamas ar mūsdienu medicīnas sasniegumiem, jāparāda attiecīgi lielu ticību. Ja nobriedis kristietis, kam ir ticība saslimst, tad var būt dziedināts, atverot savu sirdi, ar satriektu sirdi nožēlojot grēkus un pienesot patiesu, atklātu lūgšanu. Ja saslimst tāds, kam maza vai vispār nav ticības, viņš nesaņems dziedināšanu līdz tam laikam, kamēr viņam nebūs dota ticība un tikai pēc ticības izaugsmes mēra, viņam tiks parādīta dziedināšana. Ļaudis ar fiziskiem trūkumiem un mantotām slimībām var būt dziedināti tikai ar Dieva brīnumu. Tātad, viņiem jāparāda Dievam uzticību un ticību, kurā atklājas viņu mīlestība un vēlme būt Viņam derīgiem. Tikai tad Dievs atzīs viņu ticību un parādīs dziedināšanu. Kad cilvēks parāda dedzīgu ticību Dievam – kā Bartimejs no sirds sauca uz Jēzu (Marka 10:46-52), kā virsnieks, kas parādīja Jēzum savu lielo ticību (Mateja 8:5-13), kā parādīja savu ticību un nodošanos paralizētais un viņa četri draugi, (Marka 2:3-12) – Dievs dos viņam dziedināšanu.

Līdzīgā veidā, tā kā dēmonu apsēstā dziedināšana var būt tikai Dieva darbs, bet pats apsēstais nav spējīgs parādīt savu ticību, priekš tā, lai uz viņa nonāktu dziedināšana no debesīm, citiem ģimenes locekļiem jātic visuvarenajam Dievam un jāstājas Viņa priekšā.

2. Cilvēkam jābūt ar tādu ticību, ar kuru viņš var ticēt.

Iesākumā Jēzus pārmeta tēvam, kura dēls ilgu laiku bija dēmonu apsēsts, par nepietiekamu ticību. Kad Jēzus ar pārliecību teica – „tiem kas tic, viss iespējams", tēva mute izdvesa neapstrīdamu atzīšanos: „ticu, Kungs!" Tomēr viņa ticība bija ierobežota līdz zināšanu līmenim. Tādēļ tēvs ar asarām lūdzās, vēršoties pie Jēzus: „palīdzi manai neticībai!" (Marka 9:24). Dzirdējis tēva lūgumu, bet par sirds patiesumu, lūgšanas dedzīgumu un viņa ticību Jēzus jau zināja, Viņš deva tēvam to ticību, ar kuru no šī laika tas varēja ticēt. Tādā pašā veidā, saucot uz Dievu, arī mēs saņemam to ticību, ar kuru varam ticēt. Un esot ar tāda tipa ticību, kļūstam derīgi tam, lai saņemtu atbildes uz mūsu problēmām, un „neiespējamais" kļūst „iespējams."

Kā tikai tēvs ieguva ticību, ar kuru varēja ticēt, Jēzus pavēlēja: „Tu mēmais un kurlais gars, Es tev pavēlu: izej ārā no tā un neieej vairs viņā," (Marka 9:25-27), un ļaunais gars brēkdams izgāja no dēla. Tā kā no tēva mutes izgāja lūgums par ticību, ar kuru tas varētu sākt ticēt un viņš slāpa pēc Dieva iejaukšanās – pat pēc tam, kad Jēzus viņam pārmeta – Jēzus parādīja pārsteidzošu dziedināšanas darbu.

Jēzus atbildēja un dāvāja pilnīgu dziedināšanu dēlam, kas bija ļauna gara apsēsts, kurš atņēma viņa runas spējas un lika ciest no epilepsijas – jaunieša, kas bieži krita gar zemi, no mutes nāca putas, viņš grieza zobus un sastinga. Tā lūk, vai tad Dievs neatļautu, lai viss būtu labi un nedotu veselību tiem, kas dzīvo pēc Viņa Vārda un tic Dieva spēkam, kam viss iespējams?

Drīzumā pēc Manmin dibināšanas, jauns cilvēks no Gang-Vonas provinces apmeklēja baznīcu; par kuru bija dzirdējis. Viņš domāja, ka uzticīgi kalpo Dievam, būdams svētdienskolas skolotājs un kora dalībnieks. Tomēr, šis jaunais cilvēks bija lepns, neizdzina ļaunumu no sirds, bet krāja grēku pie grēka. Pēc tam, kā dēmons iegāja un apmetās viņa netīrajā sirdī, jaunajam cilvēkam nācās smagi ciest. Dziedināšanas darbs bija parādīts, kā atbilde uz viņa tēva atkārtotu un patieso lūgšanu un uzticēšanos. Kad dēmons bija noteikts un ar lūgšanām izdzīts, jaunais cilvēks nokrita uz zemes, no viņa mutes nāca putas un izplatījās baisa, nepatīkama smaka. Pēc notikušā jaunā cilvēka dzīve atjaunojās, kad viņš apbruņojās ar patiesību Manmin draudzē. Šodien viņš uzticīgi kalpo savā draudzē Gong – Vonā un dod Dievam slavu, labprāt daloties ar savas dziedināšanas liecību ar daudziem.

Saprotiet, ka Dieva darbu sfēra ir bezgalīga un, ka tajā iespējams viss, lai, kad sauksiet lūgšanā, jūs kļūtu ne tikai svētīti Dieva bērni, bet Viņa sirdij dārgi svētie, kuru visi darbi visos laikos labi izdodas, es to lūdzos mūsu Kunga vārdā!

7. nodaļa

Spitālīgā Naamana ticība un paklausība

Otrā Ķēniņu 5:9-10;14

,,Un tā Naamans ar saviem zirgiem un ar saviem ratiem atbrauca un apstājās Elīsas durvju priekšā. Tad Elīsa sūtīja vēstnesi un lika tam pateikt: ,,Ej un mazgājies septiņas reizes Jordānā, tad tava miesa kļūs atkal vesela un tu būsi šķīsts. Kad viņš nobrauca pie Jordānas un ienira septiņas reizes, kā Dieva vīrs to bija sacījis, tad viņa miesa kļuva vesela kā maza bērna miesa, un viņš bija šķīsts,''

Spitālīgais karavadonis Naamans.

Dzīves laikā mēs saduramies ar problēmām, lielām un mazām. Reizēm šo problēmu atrisināšana atrodas ārpus cilvēcisko iespēju robežām. Valstī, kura saucās Arama (Sīrija un Mezopotānija), ziemeļos no Izraēlas bija karavadonis vārdā Naamans. Viņš komandēja Sīrijas karapulkus, kad armija uzvarēja valstij visvairāk izšķirošā stundā. Naamans mīlēja savu valsti un uzticīgi kalpoja savam ķēniņam. Valdnieks viņu ļoti cienīja, bet ģenerālis cieta no slepenas kaites, par kuru neviens nezināja.

Kāds bija viņa ciešanu iemesls? Naamans cieta ne tādēļ, ka viņam pietrūktu bagātības vai slavas. Naamans bija izmisis un dziļi nelaimīgs dzīvē, tādēļ ka bija spitālīgs. Tajā laikā šī slimība bija nedziedināma.

Naamana laikā spitālības skartie tika pasludināti par nešķīstiem. Viņus piespieda dzīvot izolācijā aiz pilsētas robežām. Naamana ciešanas bija neizturamas tādēļ, ka bez sāpēm viņam bija arī citas problēmas, kas pavadīja slimību. Spitālības simptomi bija arī pleķi uz ķermeņa, īpaši uz sejas, rokām un kājām un tāpat sajūtu orgānu deģenerācija. Īpaši smagos gadījumos izkrita uzacis, roku un kāju nagi un ārējais izskats kļuva vienkārši briesmīgs. Naamans cieta no nedziedināmās slimības un prieka viņam dzīvē nebija, bet kādu reizi viņš izdzirdēja labus jaunumus. Maza meitenīte, kura bija paņemta gūstā no Izraēlas zemes un, kura kalpoja Naamana sievai, izstāstīja, ka Samarijā ir pravietis, kurš varētu viņu izārstēt no spitālības. Nebija nekā tāda, ko Naamans neizdarītu, lai saņemtu dziedināšanu, tādēļ viņš pastāstīja ķēniņam par savu slimību un par to ko stāstīja kalpone. Izdzirdējis, ka viņa uzticamais ģenerālis var tikt dziedināts no spitālības, ja ies un nostāsies Samarijas pravieša priekšā, ķēniņš ar prieku piekrita Naamanam palīdzēt un pat uzrakstīja par viņu vēstuli Izraēla ķēniņam.

Naamans paņēma sev līdzi desmit talentus sudraba, sešus tūkstošus seķeļu zelta, desmit apģērbu kārtas, vēstuli no ķēniņa un devās uz Izraēlu. Vēstulē bija teikts: „Lūk, es sūtu pie tevis Naamanu, savu kalpu, lai tu noņemtu no viņa spitālību" (6 p.). Šajā laikā Sīrija bija stiprāka par Izraēlu. Izraēliešu ķēniņš izlasījis vēstuli, saplēsa savas drēbes un teica, vai tad es esmu Dievs, ka viņš sūta pie manis, lai es no cilvēka noņemtu viņa spitālību?

Kad Elīsa, Izraēliešu pravietis, par to uzzināja, tad atnāca pie ķēniņa un teica: „kādēļ tu esi saplēsis savas drēbes? Lai viņš atnāk pie manis, un uzzina, ka ir pravietis Izraēlā," (8p.). Kad Izraēlas ķēniņš nosūtīja Naamanu uz Elīsas māju, tad Elīsa nesatikās ar ģenerāli, bet tikai nodeva ar sūtni vārdus: „ej septiņas reizes mazgājies Jordānā, tad tava miesa kļūs atkal vesela un tu būsi šķīsts," (10p.).

Naamans nokļuva diezgan neveiklā situācijā. Viņš bija nogājis visu tālo ceļu ar zirgiem un ratiem, atnācis pie pravieša mājas un, kas tagad, tas viņu ne tikai nesveicina, bet pat nesatiekas ar viņu? Ģenerālis sadusmojās. Viņš domāja, ka ja armijas komandieris no spēcīgākas valsts ieradies vizītē, tad pravietis ar prieku viņu satiks un uzliks viņam rokas. Tā vietā Naamanu sagaida pravieša vēsā uzņemšana, kurš nosūta viņu nomazgāties Jordānā, kaut kādā mazā un netīrā upītē.

Sadusmojies Naamans nolemj atgriezties mājās: „Redzi, es domāju, ka viņš taču iznāks pie manis ārā un stāvēs manā priekšā, un piesauks Tā Kunga, sava Dieva Vārdu un ar savu roku braucīs slimo vietu un atņems spitālību. Vai Amana un Farfara, Damaskas upes nav labākas nekā visi Izraēlas ūdeņi, ka es tanīs nevarētu mazgāties, lai kļūtu šķīsts?" (11-12p). Kad Naamans jau bija gatavs atgriezties mājās, pie viņa piegāja kalpi: „Mans tēvs, ja pravietis tev būtu kādu lielu lietu uzlicis, vai tad tu to nedarītu? Vēl jo vairāk, kad viņš tev tikai sacījis: mazgājies un tu kļūsi šķīsts?" Kalpi pārliecināja savu Kungu paklausīt tam, ko lika Elīsa.

Kas notika, kad Naamans septiņas reizes pagremdējās Jordānā, kā bija licis viņam Elīsa? Viņa ķermenis kļuva tīrs, kā maza bērna miesa. Spitālība, kura sagādāja Naamanam tik daudz ciešanu, pilnībā bija dziedināta. Naamana paklausība Dieva cilvēkam pilnībā bija viņu izārstējusi no neārstējamās slimības un ģenerālis atzina Dzīvo Dievu un Dieva cilvēku Elīsu.

Piedzīvojis dzīvā Dieva spēku – Dieva, kas dziedināja spitālību – Naamans atgriezās pie Elīsas, lai pateiktu: „Redzi, tagad es gan zinu, ka nav neviena cita Dieva visā pasaulē, vienīgi Izraēlā. Un nu tagad, lūdzu, saņem dāvanu no sava kalpa!" Bet Elīsa atbildēja: „Tik tiešām, ka Tas Kungs, kura priekšā es stāvu ir dzīvs, es gan neņemšu." Un viņš uzstāja, lai ņem, bet tas liedzās. Tad Naamans sacīja: „Ja ne, tad ļauj tavam kalpam ņemt līdzi divu mūļu kravas zemes, jo tavs kalps vairs neupurēs svešiem dieviem nedz dedzināmos, nedz kaujamos upurus kā vienīgi Tam Kungam." Un viņš deva godu Dievam, (2. Ķēniņu 5:15-17).

Naamana ticība un darbi.

Izskatīsim Naamana ticību un darbus, kad viņš satikās ar Dievu Dziedinātāju un palika vesels no nedziedināmas slimības.

1. Naamana labā sirdsapziņa.

Kādi ar gatavību pieņem un tic katram ļaužu sacītajam vārdam. No citas puses, ir tādi, kas ietiepīgi apšauba visu, ko viņiem saka un neuzticas citiem cilvēkiem. Naamans bija cilvēks ar labu sirdsapziņu. Viņš pret citu cilvēku vārdiem neizturējās nevērīgi, bet atsaucīgi pieņēma tos. Viņš varēja aizbraukt uz Izraēlu, paklausīt Elīsas norādījumiem un saņemt dziedināšanu tādēļ, ka neizturējās nevērīgi, bet bija ļoti uzmanīgs pret mazas meitenītes vārdiem, kas bija sievas kalpone. Kad šī meitenīte, kuru paņēma gūstā no Izraēlas zemes, teica: „Ak, ja mans kungs nokļūtu pie pravieša, kas ir Samarijā, tad tas noņemtu no viņa spitālību," Naamans noticēja viņai. Ja jūs atrastos Naamana vietā, ko jūs darītu? Vai ņemtu nopietni viņas vārdus?

Neskatoties uz mūsdienu medicīnas sasniegumiem, paliek vēl daudz slimību, kuru priekšā medicīna nespēcīga. Ja jūs kādam pateiktu, ka Dievs jūs dziedinājis no neārstējamas slimības, vai ka jūs esat ticis dziedināts saņemot aizlūgumu, kā jūs domājat, vai daudzi jums noticētu? Naamans noticēja mazas meitenītes vārdiem, gāja pie sava ķēniņa, lai saņemtu atļauju, aizbraukt uz Izraēlu, un saņēma dziedināšanu no spitālības. Citiem vārdiem, tā kā Naamanam bija laba sirdsapziņa, viņš varēja pieņemt mazas meitenītes vārdus, kad viņa tam liecināja un attiecīgi rīkoties. Mums jāsaprot – kad mums tiek sludināts Evaņģēlijs, mēs varam saņemt atbildi uz problēmu tikai tad, kad ticam sludinātajam un nākam Dieva priekšā tā, kā to darīja Naamans.

2. Naamans atsakās no savām paša domām.

Kad Naamans, sava ķēniņa atbalstīts, aizbrauca uz Izraēlu un pienāca pie pravieša Elīsas nama, kurš varēja izdziedināt spitālību, viņu sagaidīja vēsa uzņemšana. Saprotams, ka viņš sadusmojās uz Elīsu, kad tas nepieņēma augsto viesi. Neticīgā Naamana skatījumā, Elīsa nesveicināja Sīrijas ķēniņa uzticamu kalpu, lai arī pašam nebija ne slavas, ne augsta sociālā statusa. Tā vietā viņš caur izsūtāmo lika Naamanam apmazgāties septiņas reizes Jordānā. Vēl vairāk, Naamans bija saniknots, tādēļ, ka viņš personīgi bija paša Sīrijas un Mezopotāmijas ķēniņa sūtīts. Pie tam Elīsa pat rokas uz slimo vietu neuzlika, bet tā vietā tikai nosūtīja pateikt, ka viņš var attīrīties, kad apmazgāsies šajā mazajā un netīrajā Jordānas upē.

Naamans bija saniknots uz Elīsu un pravieša rīcību, kuru nevarēja saprast un uzskatīja par bezjēdzīgu. Viņš gatavojās doties mājās, domājot, ka viņa valstī daudz citu lielu un tīru upju un ka viņš kļūs tīrs, nomazgājoties jebkurā no tām. Bet šajā momentā Naamana kalpi pierunāja viņu paklausīt Elīsas teiktajam un iegremdēties Jordānas ūdeņos.

Tā kā Naamanam bija laba sirdsapziņa, ģenerālis nesāka rīkoties saskaņā ar savu saprašanu, bet nolēma paklausīt Elīsas norādījumiem un devās pie Jordānas. Vai gan daudz ļaužu, kas atrodas Naamana sociālajā stāvoklī, mainītu savas domas un paklausītu, ja kāds no kalpiem vai zemākas kārtas cilvēkiem mēģinātu pierunāt?

Kā mēs atrodam Jesajas 55:8-9, „Manas domas nav jūsu domas un, jūsu ceļi nav Mani ceļi," saka Tas Kungs. „Cik augstākas debesis ir pāri zemei, tik augstāki ir Mani ceļi pār jūsu ceļiem un Manas domas pār jūsu domām."Kad mēs turamies pie savām cilvēciskām domām un teorijām, - nevaram paklausīt Dieva Vārdam. Atcerēsimies ķēniņa Saula beigas, pēc tam, kad viņš nepaklausīja Dievam. Kad mēs vadāmies no cilvēciskām domām, un nepaklausām Dieva gribai – darām nepaklausības grēku. Ja mēs neatzīstam savu nepaklausību, tad jāatceras, ka Dievs mūs noraidīs un atzīs par nederīgiem, kā Viņš noraidīja ķēniņu Saulu.

1. Samuēla 15:22-23, lasām: „Un Samuēls sacīja: „Vai tad Tam Kungam ir lielāka patika par dedzināmiem un kaujamiem upuriem nekā par paklausību Tā Kunga balsij? Redzi, paklausība ir lielāka nekā upuris, un padevība ir lielāka nekā auna tauki. Bet nepaklausība ir kā buršanas grēks, un stūrgalvība ir līdzīga elku kalpošanai un dievekļu turēšanai mājās. Tādēļ ka tu esi atmetis Tā Kunga vārdu, Viņš ir atmetis arī tevi, un tu vairs nevari būt ķēniņš." Naamans divreiz padomāja, atteicās no savām domām un paklausīja Dieva cilvēka, Elīsas norādījumiem.

Tas ir kā zīme priekš mums: jāatceras, ka varam sasniegt mūsu sirds vēlmes tikai atmetot nepakļāvīgo sirdi un pārveidojot to sirdī, kas paklausīga Dieva gribai.

3. Naamans paklausīja pravieša Vārdiem.

Sekojot Elīsas norādījumiem, Naamans nonāca pie Jordānas un apmazgājās. Bija daudz platākas un tīrākas upes par Jordānu, bet Elīsas norādījumam iet pie Jordānas bija garīga nozīme. Jordānas upe simbolizē glābšanu, bet ūdens – Dieva Vārda simbols, kas attīra cilvēku no grēka un dara viņu spējīgu sasniegt glābšanu (Jāņa 4:14). Tādēļ Elīsa gribēja, lai Naamans sevi apmazgā Jordānā, kas arī noveda viņu pie glābšanas. Nav svarīgi cik platākas un tīrākas var būt citas upes – tās neved cilvēku pie glābšanas un tām nav nekā kopīga ar Dievu, tādā veidā citos ūdeņos nekādi Dieva darbi nevar tikt atklāti.

Kā saka Jēzus, Jāņa 3:5: „Patiesi, patiesi Es tev saku: ja kāds neatdzimst ūdenī un Garā, netikt tam Dieva Valstībā.‟ Pēc tam, kad Naamans bija apmazgājies Jordānā, viņam atvērās ceļš uz grēku piedošanu, un glābšanu un satikšanos ar Dzīvo Dievu.

Kāpēc gan Naamanam vajadzēja iegremdēties septiņas reizes? Skaitlis „7‟ – pilns skaitlis, kurš simbolizē pilnību. Kad Elīsa deva Naamanam norādījumu apmazgāties septiņas reizes, viņš pavēlēja ģenerālim saņemt grēku piedošanu un pilnībā atrasties Dieva Vārdā. Tikai tad Dievs, kuram viss iespējams, parādīs dziedināšanas darbu un izārstēs nedziedināmu slimību.

Tādā veidā, mēs zinām, ka Naamans saņēma dziedināšanu no spitālības, pret kuru medicīna un cilvēku spēki bija velti, tādēļ, ka paklausīja praviEša vārdam. Par to Raksti runā vienkārši: „Jo Dieva Vārds ir dzīvs un spēcīgs un asāks par katru abās pusēs griezīgu zobenu un spiežas dziļi iekšā, līdz kamēr pāršķir dvēseli un garu, locekļus un smadzenes, un ir domu un sirds prāta tiesnesis. Un nav radījuma, kas Viņa priekšā apslēpts, bet viss ir atsegts un atklāts Viņa acīm. Viņam mēs dosim norēķinu." (Ebrejiem 4:12-13).

Naamans nāca Dieva priekšā, kuram nav nekā neiespējama, atteicās no savām domām, nožēloja grēkus un paklausīja Viņa Gribai. Kad Naamans iegremdējās septiņas reizes Jordānā, Dievs ieraudzīja viņa ticību, dziedināja viņu no spitālības un Naamana miesa atjaunojās un kļuva tīra, kā mazam bērnam.

Parādot vienkāršu liecību, kas pierāda, ka spitālības izārstēšana bija iespējama tikai ar Viņa spēku, Dievs mums saka, ka jebkura neārstējama slimība var tikt izdziedināta, kad mēs patīkam Dievam ar savu ticību, ko apstiprina mūsu darbi.

Naamans dod slavu Dievam.

Pēc izveseļošanās, Naamans atgriezās pie Elīsas un liecināja: „Redzi, tagad gan es zinu, ka nav neviena cita Dieva visā pasaulē, vienīgi Izraēlā!... vairs turpmāk neupurēšu svešiem dieviem nedz dedzināmos, nedz kaujamos upurus kā vienīgi Tam Kungam" un deva godu Dievam.

Lūkas 17:11-19 ir aprakstīts notikums, kad desmit cilvēki satiek Jēzu, tiek dziedināti no spitālības. Taču tikai viens no tiem atgriezās pie Jēzus skaļā balsī slavējot Dievu un krita zemē pie Viņa kājām, pateicoties Viņam. 17. un 18. pantos, Jēzus viņam jautā: „Vai visi desmit nav kļuvuši veseli? Kur tad tie deviņi? Vai cits neviens nav atradies, kas būtu griezies atpakaļ un Dievam godu devis, kā vien šis cittautietis?" Nākošajā 19. pantā, Viņš saka šim cilvēkam: „Celies, ej! Tava ticība tev ir palīdzējusi." Ja mēs pieņemam dziedināšanu Dieva spēkā, mums ne tikai jādod Dievam gods, jāpieņem Jēzus Kristus un jāsasniedz glābšana, bet arī jādzīvo pēc Dieva Vārda.

Naamanam bija tas ticības un darbu tips, ar kuru viņš varēja tikt izdziedināts no tajā laikā nedziedināmās spitālības. Viņam bija tīra sirdsapziņa, lai noticētu mazas kalponītes vārdiem.

Viņam bija tāda tipa ticība, ar kuru viņš sagatavoja vērtīgu dāvanu priekš vizītes pie pravieša. Viņš parādīja ar saviem darbiem paklausību, neskatoties uz to, ka pravieša norādījumi nesakrita ar viņa paša domām.

Naamans, pagāns, savā laikā cieta no nedziedināmas slimības, bet pateicoties šai slimībai, satika dzīvo Dievu un piedzīvoja dziedināšanas darbu. Jebkurš, kas nāks Visvarenā Dieva priekšā un parādīs savu ticību un darbus, saņems atbildes uz visām savām problēmām un nav svarīgi, cik grūtas tās var būt.

Lai arī mums būtu dārgā ticība, lai tā redzama no mūsu darbiem un, lai katrs saņem atbildes uz dzīves problēmām un, lai katrs no jums kļūst svētīgs svētais, kas dod slavu Dievam, to lūdzos mūsu Kunga vārdā.

Par autoru:
dr. Džejs Roks Lī

Viņš piedzima Muanā, Džeonnas provincē, Korejas Republikā, 1943. gadā. Divdesmit gadu vecumā mācītājam dr. Lī bija diagnosticētas daudzas nedziedināmas saslimšanas. Septiņus ilgus gadus viņš cieta no slimībām un gaidīja nāvi, necerot pat uz atveseļošanos. Bet 1974. gada pavasarī, atrodoties baznīcā, uz kurieni viņu atveda māsa, kas vēlējās palūgties par brāļa atveseļošanos, viņš vienā mirklī ieguva Dieva dziedināšanu no visām slimībām.

Tajā pašā momentā mācītājs dr. Džejs Roks Lī satika Dzīvo Dievu, iemīlēja Viņu no visas savas sirds un dvēseles, bet 1978. gadā saņēma aicinājumu kalpot Dievam. Viņš bieži lūdzās par pilnīgu Dieva gribas izprašanu un tās pildīšanu, pilnībā sekojot Viņa Vārdam. 1982. gadā viņš dibināja Draudzi „Manmin" Džuanga, Seulā, Dienvidkorejā, kurā notika daudzskaitlīgi brīnumi un dziedināšanas.

1986. gadā sludinātājs Lī bija svaidīts par mācītāju Ikgadējā Jēzus baznīcas asamblejā Sunkiulā, Korejā, bet pēc četriem gadiem viņa svētrunas sāka translēt Tālo austrumu Āzijas raidkompānija un Vašingtonas kristīgā raidkompānija – Austrālijā, Krievijā, Filipīnās un citās valstīs.

Vēl pēc trim gadiem, 1993, Manmin Draudze tika iekļauta „piecdesmit pasaules vadošo draudžu" sarakstā, žurnālā „Christian World" (ASV), bet pats mācītājs saņēma goda doktora pakāpi evaņģelizēšanā koledžā „Christian Feit", Florida, ASV. 1996. gadā viņš saņēma filozofijas doktora pakāpi kalpošanā, teoloģiskajā seminārā „Kingsveja", Aiova, ASV.

No 1993. gada mācītājs dr. Lī vadīja misijas kalpošanu ASV, Tanzānijā, Argentīnā, Ugandā, Japānā, Pakistānā, Kenijā, Filipīnās, Hondurasā , Indijā, Krievijā, Vācijā un Peru. 2002. gadā par lielu evaņģelizācijas kampaņu novadīšanu aiz robežām, viņš tika nosaukts par „pasaules mācītāju" lielas kristīgas avīzes redakcijā Dienvidkorejā.

2008. gada martā Centrālajā Manmin draudzē bija vairāk kā 100 tūkstoši draudzes locekļu un 7800 draudzes filiāļu Korejā un citās valstīs visā pasaulē, tā izsūtījusi vairāk kā 126 misionārus uz 25 valstīm, ieskaitot ASV, Krieviju, Vāciju, Kanādu, Japānu, Ķīnu, Franciju, Indiju, Keniju un daudzām citām.

Uz šo dienu mācītājs Lī ir 50 grāmatu autors, ieskaitot tādus bestsellerus kā „Atklāsme par mūžīgo dzīvi uz nāves sliekšņa", „Mana dzīve, mana ticība1 un 2", „Vārds par Krustu", „Debesis 1 un 2" un „Elle", viņa darbi tulkoti vairāk kā 25 valodās.

Patreizējā momentā mācītājs Lī ir vadošais daudzās misionāru organizācijās un asociācijās, tajā skaitā ir priekšsēdētājs Apvienotajai Korejas svētuma baznīcai, „Manmin Pasaules Misionāru" prezidents, „Manmin TV" dibinātājs, padomes „Globālais Kristīgais Tīkls", „Vispasaules Ārstu Tīkla" priekšsēdētājs, dibinātājs un priekšsēdētājs Starptautiskajā Manmin semināra padomē.

Debesis I un II

Precīzs apraksts par lieliskajiem apstākļiem, kuros dzīvo Debesu pilsoņi, spilgts apraksts par dažādu Debesu līmeņu valstībām.

Atklāsmes par mūžīgo dzīvi uz nāves sliekšņa

Personīgās dr. Džeja Roka Lī atmiņas – liecības, kurš bija piedzimis no Augšienes un glābts, ejot caur nāves ēnas ieleju, un no tā laika parāda ideālu piemēru tam, kā vajadzētu dzīvot kristietim.

Elle

Nopietns vēstījums cilvēcei no Dieva, Kurš negrib, lai pat viena dvēsele atrastos elles dzelmē! Jūs atklāsiet sev līdz šim nezināmas lietas par nežēlīgo zemāko kapu un elles realitāti.

Mana Dzīve, Mana Ticība I un II

Dzīve, kas uzplauka pateicoties ne ar ko nesalīdzināmai Dieva mīlestībai, drūmu viļņu vidū, zem nastas smaguma un dziļa izmisuma un izplata pašu labāko garīgo aromātu.

Ticības mērs

Kādas mājvietas un kādi vainagi un balvas sagatavotas mums Debesīs? Šī grāmata satur gudrību un pamācības, kas nepieciešamas tam, lai izmērītu savu ticību un izaudzētu to līdz pilnīga brieduma mēram.

Milton Keynes UK
Ingram Content Group UK Ltd.
UKHW021933160224
437940UK00005B/74